メディアの人とスマートにつながる

広報・PR のアプローチ攻略術

Public relations/PR approach strategy

株式会社フロントステージ
代表取締役
千田 絵美

自由国民社

はじめに

　「PRに真剣に取り組んでいる企業は、確実に業績が伸びていて、採用もうまくいっている」

　広報・PRという職業に就いた17年前から、私がいつも思っていることです。

　昨今、市場にありとあらゆる商品・サービスが増え、インターネットやSNSの台頭により情報は大量に放出されています。さらに消費者の商品に対する目が肥えて厳しくなるとともに、企業が自身で発信している情報なのか、それとも純粋な第三者からの口コミなのかといった情報を見分ける目も、数年前と比較して飛躍的に進化しているように思います。

　そうした中で、**企業と消費者（世間）をつなぐ橋渡し的な存在が、広報・PR**です。

　「なぜあの企業はうまくいっているのか」「どうしてこの企業は入社したいという希望者が後を絶たないのか」と感じる、業績が伸びていたり採用がうまくいったりしている企業の背景には、必ずと言って良いほど**広報・PR活動がある、もしくは広報・PRマインドが経営陣に浸透**しているのです。

　ただ、広告と比較して、広報・PRは日本に入ってきて歴史の浅い概念なので、効果的でコストパフォーマンスの良い広報・PR活動を展開するためには、**広報・PRの前提やお作法、さまざまなコツや**

方法を知ることがまず必要になります。

　本書は、私が17年間で積み上げた広報・PRの経験と数々のトライアンドエラーを元に抽出した、選りすぐりの、すぐに使えて効果的かつ実践的な手法をまとめたものです。この1冊を読めば、今日からさっそく広報・PRの仕事に取り組んでいただける、そういう本を目指して作りました。

　最初から順番に読んでいただくのを前提として書きましたが、目次を見て、気になる章や項目だけを読んでいただいても、どんな順番で読んでいただいても構いません。

　広報・PRを始めようと思われている経営者、マーケティングや広報担当の方、企業の広報・PR担当者と伴走する弊社のようなPRエージェンシーの方、広報・PR経験者の方など、広報・PRにかかわるすべての方のお役に立てるように書いています。

　また、**「広報・PRは経営そのもの」**です。そういう意味で、すべての企業経営者にも読んでいただいて損のない内容にしています。

　作ったことのない料理を作るとき、レシピに目を通さずに作る人はほとんどいないでしょう。本書も広報・PRのレシピ本のように使っていただけたらと思っています。そのため、可能な限り具体的にお伝えすることを心がけることで、より、成功確率が高まるようにしています。慣れてきたら、レシピにぜひご自分なりのアレンジを加えてみてください。

　最初にお伝えしておくと、広報・PRの仕事を進めていく上で忘れ

てはいけないポイントがあります。それは**「自社らしさ」「自分らし
さ」からはブレてはいけない**ということです。隣の芝生は青く見え
るものですが、自分ではない誰かになろうとすると、自社らしさや
自分らしさが活かせず、結果的にうまくいかないのです。これから
本書でさまざまなことをお伝えしますが、一貫して「自社らしさ」
「自分らしさ」を忘れないでいただければと思います。

　また、私自身が本書に書いてあることを常に100％実践できてい
るかというと、実は自信がありません。私もまだまだ成長途中です
ので、読者のみなさんと一緒に成長できればと思います。

　PRエージェンシーという、**企業の「外部の広報部」的な役割を担**
う会社を経営しながら、私がこのように、手の内を明かした内容を
本にまとめたのには理由があります。それは、広報・PRをよく理解
いただき、広報・PRを効果的に使える経営者や広報担当、企業が増
えれば、**届くべき人に情報が届くようになり、助かったり、便利に
なったり、大袈裟に言えば人生が変わったりする人が増え、経済発
展ひいては社会貢献となる**という信念があるためです。
　**あなたの会社の情報、あなたの情報は、もっと必要な人に届くべ
きです。その情報を待っている人がいます。**

　広報・PRの概念と効果的なやり方をきちんと知っていただけた
ら、**この先ずっと役に立つはずです。**この本を通して読んでいただ
くと、意識が広報・PR脳にセットされます。すぐにでも行動に起こ
していただけたら、こんなに嬉しいことはありません。

　それでは始めましょう。広報・PRの世界へようこそ。

CONTENTS

異業界の人だからこそ
メディアの人の**特性**を理解しよう

第**3**章

メディアの人が1秒で振り向く
アプローチメールの書き方、送り方

第**4**章

第5章 広報・PR をスムーズに進めるメール・メッセージ・トークのサンプル集

第6章　メディアの人が取り上げたくなる プレスリリースの書き方

広報・PR パーソンとして
うまく仕事を進めるためのQ&A

メディアの人が広報・PR に
期待すること

●企画協力　渡邉理香　／　●編集協力　いくしままき

●対談・コメント協力　Forbes JAPAN　谷本有香

　　　　　光文社　原里奈　／　フリーランスプロデューサー　荒木千尋

　　　　　THE BRIDGE　平野武士　／　ダイヤモンド社　山口圭介

●プレスリリース協力　株式会社エンペイ

●ブックデザイン　沢田幸平（happeace）

●本文DTP　株式会社シーエーシー

第1章

広報・PRの仕事の基本を理解しよう

広報・PRの概念や背景、メディアの種類といった基本的な情報を知ることで、実際に広報・PR活動をする際にスムーズに進められます。広報・PRの基礎知識における共通認識および言語を持つと、より成果につながるため、チームや社内で共有することをおすすめします。特に、PRが売上だけではなく採用や社内コミュニケーション向上にも効くことはあまり知られていませんので、しっかり読んでおいてください。

01

広報・PRとは

「広報」と「PR」という言葉は、同じ使われ方をすることが多いですが、厳密に言うと意味が少し異なります。

「広報」とは、企業や団体の活動内容や商品およびサービスなどの情報発信を行う業務、またはその担当者や部署を指します。

「PR」とは、パブリックリレーションズ（public relations）の略です。パブリックとは「世間」、リレーションズは「関係性」なので、企業や団体が、世間とより良い関係性を積極的に築いていく活動となります。

よって、私は広報・PRと並列して表現するときには、広報・PRとは、**組織とそれを取り巻く利害関係者との間に信頼関係を作り、認知度の向上や企業価値を上げるために行うありとあらゆる活動**、と定義しています。

広報とPRの違いは？

一般的に、PRの同義語として「広報」という言葉を使うことがあります。「広報」を文字どおりに解釈すると、「広く＝社会に対して」「報ずる＝知らせる」という意味になります。言い換えると、企業や団体が社会に向けて**情報発信すること**が「広報」であると言えます。これに対し、パブリックリレーションズ（PR）は、**「戦略的コミュニケーションのプロセス」**であり、終着点のある一方的な情報発信

活動ではないということです。一方的な情報発信である「広報」に対し、双方向のコミュニケーションを「PR」と定義する人もいますが、ソーシャルメディアが普及した現代において、「双方向」だけではすまされない時代になってきました。コミュニケーションが「マルチディメンショナル」となった今日には、アプローチ法がより複雑化しています。

PRと似た言葉に、「プロモーション（販促活動）」という言葉があります。「PR」と「プロモーション（販促活動）」が同じ意味合いで使われていることがありますが、それは間違いです。

プロモーション（販促活動）とは、その名のとおり「販売を促進するための活動」であり、その目的は「売上の増加」などです。

対して、パブリックリレーションズ（PR）は「良好な関係性の構築」が目的であり、「企業や製品に対する正しい理解」であったり、「適切な情報の共有」であったりもします。つまり、ある企業が「テレビCMを使って、新商品を紹介するのはプロモーション（販促活動）」で、「チャリティイベントを開催し、社会貢献するのはパブリックリレーションズ（PR）」ということですね。

認知度や信頼性を高めるのが広報・PR

商品やサービスを提供する際、機能や価格が消費者のニーズに合致していたとしても、選ばれるとは限りません。

例えば、同じような商品が並べられていたら、認知度の低いメーカーの商品よりも、有名な企業の商品を選ぶことが多いですよね。これは、提供している企業やサービスに対して、消費者が「信頼」

や「親しみ」を感じていないからです。

　企業の開発力に差がなくなってきたとされる現代では、**消費者から選ばれるために、認知度や信頼性を高める必要があります。**また、近年は個人情報の取り扱い強化や、法令遵守など、倫理的な行動を企業に求める傾向が強くなっています。このような取り組みが企業イメージに直結するようになり、PRの重要性はさらに増しているのです。

02

PRの方法

　PRは主に、マスメディアを使った手法、インターネットメディアを使った手法、現実世界での手法に大別されます。

　ここでは、それぞれの手法について詳しく紹介していきます。

マスメディアの種類

　マスメディアは「テレビ」「新聞」「雑誌」「ラジオ」を指し、信頼度が高いという特徴があります。

　メディアで紹介されれば大きな反響を得られますが、企画や制作など、採用されるまでに時間や費用がかかります。

テレビ

　ニュースやテレビ番組などのコーナーや特集で紹介されるPR方法です。しかし、視聴者が興味を持つようなインパクトのある企画でないと、制作サイドに採用されないことも多々あり、その特異性から**最も難しいPR**とも言われています。特に、プレスリリースの中でも文字情報が主体となるものは、テレビPR向きではありません。

新聞

　商品やサービスなどを記事内で取り上げてもらうPR方法です。

　マスメディアの中で最も古い歴史を持つ新聞は、**非常に社会的信**

頼度が高いという特徴があります。記事内で商品やサービスを取り上げてもらうことができれば、「公的なメディアが認めている」という安心感を与えられ、大きな反響が得られる可能性が高いでしょう。

　また、地方紙、全国紙、業界紙などの種類があるため、ある程度ターゲットに合わせたアピールが可能です。

雑誌

　年齢や性別、趣味、ライフスタイルなど、読者層が細かく固定されているため、効果的にアピールできることから、「ターゲットメディア」とも言われています。

　新聞と同様、記事内で取り上げてもらうPR方法ですが、**ターゲットへピンポイントに訴求できる**ため、ターゲットが明確な場合、非常に高い効果を得られます。

　しかし、雑誌や新聞といったメディアでは編集者が主導権を持つため、記事内で取り上げられるハードルは高めと言えるでしょう。

ラジオ

　ラジオは番組や時間帯によってリスナー（ラジオを聴く人）が固定されやすい傾向にあります。

　また、地域ごとにラジオ局があるため、「特定の地域に住む主婦層」など、ターゲットを絞ったアピールも可能です。

　テレビより母数は少ないものの、ターゲットを意識した時間帯にPRするなど、やり方次第で費用対効果が高くなります。

マスメディア以外のPR方法

Webメディア

インターネットは世界中の人に向けてリアルタイムに情報を発信でき、**その情報をSNSなどで拡散させることも可能**という、他のメディアにはないメリットがあります。

インターネットメディアの特性を活かしたPRに注力する企業も多く、インターネットを活用した広告市場は拡大傾向にあります。

ソーシャルメディア

ソーシャルメディアとは、情報を発信する側と受け取る側がつながっているメディアで、「ブログ」「SNS」「動画」に分けられます。

その他

メディアを使ったPRだけではなく、現場での手法も近年では注目されています。

例えば、美容品のメーカーによる街中での商品サンプルの配布、スポーツドリンクの企業によるスポーツイベントの開催、飲料メーカーによる植樹や山林保護活動、重機メーカーによる新興国の開発事業援助などもPR活動の一環です。

また、記者会見を行って新商品を発表するという方法もあります。

03

PRが必要な理由

変わりゆくPRの方法

　今から10年ほど前までは、企業が情報発信するのが当たり前でした。インターネットが生活の中心に移行する時期で、今ほどSNSも発達していませんでした。そんな中、発信活動の王道はテレビCM、そのほかにも新聞や雑誌、ラジオなどにも企業は広告をたくさん打っていました。これらはすべて企業主導による発信です。こうした広告活動は、一般の人は受け手となり、テレビ、ラジオ、新聞、雑誌など、マスメディアの影響力が強い時代だったのです。

　しかし、その後の5～6年で一気にSNSが普及し、受け手であった一般の人たちが発信側となり、それこそ**1億総インフルエンサー**のようになりました。このように発信側と受け手側の明確な違いがなくなり、また消費者自らが発信するようになり、誰もが発信できることで情報過多の時代となり、従来の広告仕様では伝わりにくくなっています。

　そのため、よりPRの重要性が高まっているのです。

PRと広告の違いを理解する

　広報とは企業や団体が情報を広く知らせること。PRは同語として使われることが多いですが、厳密には異なります。どちらかという

と、世間と企業との関係性に積極的なのがPRとなり、より大切だと私は考えています。

PRはアメリカで生まれた概念で、日本に入ってきてからの歴史はまだ浅いと言えます。そのため、広告とPRの区別がついていない人が多いのが現状であり、そこはもっとたくさんの人々に知ってほしいですし、理解するとより深い世界が広がると考えています。

「広告」と「広報・PR」の違い

	広　　告	広報・PR
目　　　的	●売上アップ（認知度向上・ブランド価値向上） ●採用強化	
主　　　体	企業	メディア・インフルエンサー等（第三者）
方　　　法	広告（CM・雑誌広告・Web広告等）	記事・番組等
主なコスト	人件費・メディア枠バイイング費	人件費（活動費）
特　　　徴	●コスト高 ●コントロールできる ●主観的な情報 ●医薬品的な効果（即時に効果がある）	●コスト低（広告に比べて） ●コントロールできない ●客観的な情報 ●漢方薬的な効果（長期的に飲み続けることで体質自体を改善していく）

04

PRで大事なこと

PRは会社を「楽」にするもの

　広報・PRは、企業活動が横軸だとしたら、縦軸に作用するものです。企業は良い人材を採用しなければいけません。そこにもPR活動は作用します。営業にもサービス開発にも、PR活動は必要です。

　さらに、**社内広報、社内の人材育成、社内へのモチベーションアップ**にもPRは効きます。そう考えると、企業活動のすべてにおいてPRは重要なのです。

　23ページの図表にあるように、企業がPRをするメリットは多岐にわたります。広報・PRはすぐ効くものもあれば、じわじわと浸透するように効いていくものもあります。あまり即効性にこだわらずに続けていくことで、「いつしか知名度が上がった」「営業の問い合わせが増えた」など**長期的にじわじわと効いてくるもの**なのです。広報・PR活動をしなかった場合は、自社からの発信だけになってしまい、広がりも深さも、浸透度も限界を迎えます。

　確かに広報・PR活動をしなくて業績が伸びていく企業もあります。ただ、PR活動をするとしないとでは、数年後の結果が如実に変わります。ひと言で言うと、**会社が「楽」になる**のです。

　もっと広報・PR活動をしたら広がるのではないか、新しいことをやってみたい、今は大丈夫だけれど、5年後はどうなっているのかが気になるなど、少しでもそのような考えがある企業は、PR活動を

してみることで新しい未来が広がるのです。

PRが及ぼす影響

　前述したように、PRは売上だけでなく、さまざまな効果があります。その中でも特に企業活動に影響のある点をピックアップしていきましょう。

採用に効く

　Webメディアや新聞などに、経営者やスタッフが取り上げられたとします。その記事を見て、この企業に入社して働きたいという人が増えます。企業の採用ページでもこうしたメッセージを発信していますが、それとは違います。**第三者の記者やライターの目線で、記事として書かれている**ため、より信憑性が出てきます。

営業に効く

　取引先の顧客や潜在顧客に対しても、**PRによる第三者の視点による発信**を見て、依頼や注文といった営業に効果を及ぼします。テレビのニュース番組を観たり新聞記事を読んだりして、「こういう企業なら取引をしたい」「こういうところを目指しているのだったら、お願いしてみようかな」と感じる取引先も多いでしょう。

社内モチベーションが上がる

　第三者型の情報であるPRは、社内の知識アップやモチベーションアップにつながります。**意外と社員は外部の人より自社の情報を知らなかったりするもの。**実際に記事やSNSなどで、第三者が自社

の商品を取り上げると、社内全体のモチベーションが上がることがあるのです。若い世代に支持されているインフルエンサーが、Instagramのストーリーズなどで自社の商品を取り上げたのを見て、**「うちの会社って、こういうすごいところがあるんだ」**と気づくこともあるでしょう。

　また、新聞や雑誌などで経営者のインタビューが取り上げられれば、**「うちの会社の社長はこういうことを考えていたんだ」**と経営理念を知ることになり、ロイヤリティの向上にもつながり、ひいては離職率の低下にもつながります。

アライアンスが組みやすくなる

　PRは、官公庁、地方自治体の堅いところにも話をしやすくなります。**新聞やテレビ、雑誌などの信頼性のあるメディアに取り上げられると、より信頼度が高くなります。**

PRをした場合、しなかった場合

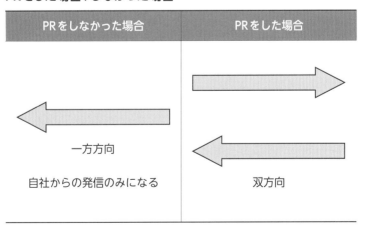

PRをしなかった場合	PRをした場合
一方方向	双方向
自社からの発信のみになる	

最終的に大事なことは2つ

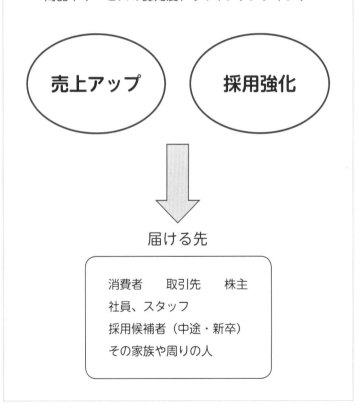

広報・PR により

- ・会社の認知度アップ、ブランディング
- ・経営者の認知度アップ、ブランディング
- ・商品やサービスの認知度アップ、ブランディング

売上アップ　**採用強化**

届ける先

消費者　　取引先　　株主
社員、スタッフ
採用候補者（中途・新卒）
その家族や周りの人

PRをする上での重要なポイント

　広報・PRの目的を突き詰めると、「売上アップ」と「採用強化」の2つだということは前述しました。一方で、広報・PRは即時的な売上アップではなく、漢方薬のようにじわじわと効いていくのも特徴の1つです。この前提のもと、売上アップにつながるPRを展開するにあたり、重要なポイントは次の2点です。

> ①メッセージを統一して「らしさ」を一貫させる
> ②社内で他の部署と連携を取る

メッセージを統一して「らしさ」を一貫させる

　まず、重要な点は、メッセージを統一することです。統一することで、「らしさ」に一貫性が出ます。例えば、次のようなことです。

- 商品やサービスの「枕詞」が統一されているか
- 商品やサービスの「作られた背景」の表現が統一されているか
- 商品やサービスの「誰に届けたいか」の表現が統一されているか
- 商品やサービスの「ポイント(特長)」と、さらにその中での「推しポイント」が統一されているか

さらに、そのメッセージを記載するWebサイトやLP（ランディングページ）、メールマガジン、紙のパンフレットの色づかいやフォントなどの「トーンアンドマナー」の統一が大事です。

なぜ統一することが大事なのでしょうか。それは、**PRはいかに人の目に留まらせ、人の記憶に残すかにかかっているからです。**意識的に統一を図ることで、「自社らしさ」「自分らしさ」が際立ちます。また、PRにおいて統一性を出すことで、「目立たない＝発見されない」「覚えてもらえない＝人の記憶に残りづらくなる」を防ぐ効果もあります。

例えば、毎日赤い服を着ていると、「赤い服を着ている人」と周りから認識されますが、今日は赤い服を着て、明日は黒い服、明後日は白い服となると、「赤い服を着ている人」にはなりませんよね。

PRでは人に認識してもらうことが重要ですから、届けたい人に覚えてもらうために、メッセージを統一するのです。

社内で他の部署と連携を取る

売上につながるPRのために、もう1つ大事なことがあります。それは、広報・PR以外の部署と連携を図ることです。こちらは、メッセージを統一するためにも必須です。

特に連携を密に取っておきたいのは、営業部、宣伝部、商品開発部です。営業部とは、営業資料を共有してもらって、**広報・PRの部署が対外的に発信しているメッセージ（特に、商品やサービスの特長や強み）にズレが生じていないかをチェック**しましょう。

また、メディア露出のタイミングや内容もしっかりと共有すべき

です。メディアに露出するタイミングで、営業部から取引先や取引先候補に情報を送ることで、PR効果を売上アップに直結できるからです。自社の商品が紹介されたテレビや新聞、雑誌などを取引先の人に見てもらうと、商品に対する理解や「こんな背景があるんだ」など、より興味を持ってもらえる可能性が高くなるのです。

　営業部が持っている最新の売上動向や顧客アンケートなども広報・PRネタになることが多々あります。自社商品のこうした動向は、他社にはない自社だけのオリジナル情報です。メディアの人にも喜ばれる貴重な情報になるので、ぜひ定期的に情報交換することをおすすめします。同時に、開示しても良い情報かどうかの社内確認も広報・PRパーソンが主導しましょう。

　宣伝部とは、広告の出稿状況や内容を共有してもらって、こちらもメッセージにズレがないか確認します。また、広報・PRが接するメディアに、宣伝部主導で広告を出していることも多いです。メディアの広告部と編集部両方からアプローチすることで掲載してもらう確率が高まることもあります。

　商品開発部には、新機能やアップデートの情報などを定期的にヒアリングすることをおすすめします。意外と対外的に知られていないユニークなアップデート情報が埋もれていたりします。**こうした情報は、古くならないうちに改めてプレスリリースを出すと、メディアのみならず、取引先の方にも響きます。**

第 2 章

メディアに
アプローチする前に
確認しておきたいこと

メディアにアプローチをする前に、PRの材料や情報を整理する必要があります。独自に整理しても良いのですが、それにはコツがあります。そのコツを習得すると、会社として言いたいこと、伝えるべきことが整理され、メディア側が求めている情報と合致させられるため、成功率も高まるのです。

01
自社の良さ、商品の良さを確認する

（ ステップ1 自社やサービスの理念を確認する ）

　企業が広報・PRに求めているのは、端的に言えば、とにかく企業の認知度や知名度を上げることです。それ以上でも以下でもなく、経営者の方は「会社自体やそのブランド、商品、サービスをもっと多くの人に知ってもらいたい」と話します。

　でも、現時点でどの程度の認知度があるのか、これまでどのようなことを行ってきたのか、そのためにはどのような施策があるのかを掘り下げてみても、首をかしげてしまうことが多いものです。

　それはなぜかというと、「自社にはどういった良いところがあるのか」「どの情報から伝えていくべきか」といったことが整理されていないからです。そのため私は、弊社にPRを依頼されたとき、広報・PRする商品やサービスの説明と同時に、まずは企業理念についてお互いがしっかり理解し、共有する作業から取りかかります。

　まずは「御社が掲げる企業理念は何でしょうか？」と問いかけることから始めます。「企業理念」を知ると、なんとなく見えてくるものがあるからです。企業が社会や世間に対して何を目指し、貢献しようとしているのか、例えば「環境」なのか、「文化」なのか、「コミュニケーション」なのか、企業理念にこそそれらが示されている

からです。

　企業理念を根底に置かないと広報・PR活動もブレが生じます。企業が求めているものは、企業のブランドの認知度を上げることですが、広報・PR担当者は**企業が社会に対して貢献できること、または理想としているものは何かを、一緒に再確認することでお互いの共通認識にしていく**わけです。また、広報・PR担当者からの企業理念についての投げかけは、企業にとっての新たな気づきを生みます。

ステップ2　第三者の視点で企業の良さを探ってみる

　企業には歴史があり、ストーリーがあります。ただ、経営者が代わると、その時代や環境によって進む方向が変わってしまうことも。またその企業で働く従業員は個人であり、その個人による考えや担当部署によって求めている解答は微妙に異なります。

　しかし、企業理念は創業当時から掲げているものであり、その企業が進むべき道筋です。いわば企業の骨格と言えるでしょう。その**企業理念に原点回帰をすることで、物事をシンプルにとらえることができる**のです。

　広報・PRパーソンの立場からは、そうした企業理念と現状の企業のイメージをメディアの人に率直にお伝えすることができます。なぜなら、経営者たる当事者にはわからないことが、広報・PRパーソンという第三者の視点からお伝えできるからです。これは個人が友人に話すような感覚でしょうか。「○○さんの良いところは××だから、その点がみんなに好かれるところだよね。それを伸ばして社会に貢献していったら良いのではないでしょうか？」と友人に言われたら、「へえ、そうか」とすんなり納得できることもあるでしょう。

企業も同様に、**自社の中枢的な立場にいる人の視点よりも、一歩離れた立場である広報・PRパーソンのほうが俯瞰できる**からです。経営者が自社を愛するがゆえに冷静な目で見られなくなっているということは、よくあることです。

企業への質問の例

- どんな思いで会社を立ち上げたか。
- 企業理念は、誰が、どんな背景で掲げたのか。
- 今のメイン事業、2番目、3番目の事業は何か。
- それぞれの事業のどの部分に企業理念が反映されているのか。
- 企業経営に情熱を持っている理由。
- 会社をどの時間軸で、どうしていきたいか。
- メンバーはどれだけ増やしていきたいか。
- 1年後、3年後、5年後、10年後、どうなっていたいか。
- 今の課題は何か。その中でも「一番」の課題は何か。
- 会社で「一番」素晴らしいところは何か。
- 同業他社と何が違うのか。

　とある企業経営者のやりとりで、こんなことがありました。「御社では、このようなこともできますよね？」と尋ねたところ、「できるかと思いますけど……。うーん、どうだろう」とはっきりしない言葉が返ってきたのです。私から見れば、まったく問題なくこなせる企業だったにもかかわらず、です。

　一方で、会社への愛が強過ぎるあまりに過大な評価をしがちな経営者もいます。愛社精神を持つのは大事なのですが、**自社の能力や一般的にどのように見られているかを冷静に分析するのも大切です。**

そのため、企業のもう１つの目になるべく、広報・PRを依頼された企業について、私は企業理念からしっかり確認し合うことにしているのです。

ステップ3　企業理念の言葉を具体化する

　企業には「企業理念」と「経営理念」があります。企業理念は、企業の創業時からの価値観や考え方を明文化したもの。一方、経営理念は、経営者自身の重要視する価値観や信念を明文化したもの。企業理念は経営者が交代しても引き継がれますが、経営理念は経営者の交代や時代の変化に応じ、変化する可能性があります。

　また、近年は企業理念のほかに「ミッション」「ビジョン」「バリュー」などといった言葉でも企業の行くべき方向性が示されています。最近では「パーパス」という言葉もあり、これは「目的」「目標」「意図」などと訳されます。これらも結局は社会的な意味づけでの「企業理念」だと私は思っています。

　ただ、この企業理念はスローガン的な意味合いもあり、シンプルな言葉でまとめられています。また、歴史ある企業では、企業理念も難しい言葉で表されていることも多く、そのためにも**その意味をしっかり理解する必要があります。**

　私がとある食品会社のPRをすることになった際のやりとりを少し紹介しましょう。その企業の企業理念には、「食生活で日本人の生活を豊かにする」という項目がありました。私はその意味を理解するために、**「御社が考える『豊かな食生活』とはどういうものですか？」「そもそも『豊かさ』とはどういう状態のことですか？」**と質

問し、言葉の定義を確認していきました。

　「豊かさ」という単語１つを取っても、それが「量」なのか、「種類」なのか、それとも「感情」なのか、とても曖昧です。それらを１つ１つひも解くために質問していったのです。

　こういった質問をしたところ、思っていた結論とは違ったものに行き着くことが多々あります。さらにそれを繰り返していくと、道筋がはっきりし、将来的なゴールへとつながっていきます。そうすればPRでやるべきことが明確となり、その幅も広がっていきます。

　同じ業態でも、企業によって考えていることは違い、企業内でも商品によって異なります。そのため、**まずは企業理念を理解すること。その後にPRするサービスや商品の１つ１つについて掘り下げていく。**こうしたステップがとても大事なのです。

企業理念を分解して理解する

『**食生活**で **日本人**の **生活**を **豊か**にする』
が企業理念だとしたら

「**食生活**」とは？
―― 健康な生活
―― 幸せな暮らし
―― 日々の暮らし
　　　　　　など

「**生活**」とは？
―― 24時間
―― 仕事もプライ
　　ベートも
―― 一生涯の時間
　　　　　　など

「**豊か**」とは？
―― 金銭的な充足
―― 心の充足
　　　　　　など

「**日々**」とは？
――24時間
――1日のうち
　　特定の時間
　　　　　　など

「**一生涯の時間**」とは？
―― 生まれてから死ぬまで
　　の時間
　　　　　　など

「**心**」とは？
―― 精神的なもの
―― 自分だけのもの
　　　　　　など

「**日本人**」とは？
―― 日本に住んでいる日本人
―― 日本に住んでいる人（外国人
　　を含む）
―― 海外に住んでいる日本人
　　　　　　など

主な企業の「企業理念」

（社名の「株式会社」を省略しています。）

企業名	企業理念
味の素 グループ	私たちは地球的な視野にたち、"食"と"健康"そして、"いのち"のために働き、明日のよりよい生活に貢献します。
江崎グリコ	おいしさと健康
花　王	豊かな生活文化の実現
サイバー エージェント	21世紀を代表する会社を創る
資生堂	BEAUTY INNOVATIONS FOR A BETTER WORLD （ビューティーイノベーションでよりよい世界を）
島津製作所	科学技術で社会に貢献する
ソニー グループ	クリエイティビティとテクノロジーの力で、世界を感動で満たす。
セブン・イレ ブン・ジャパン	明日の笑顔を 共に創る Building a joyful future, together.
ZOZO	世界中をカッコよく、世界中に笑顔を。
NTTドコモ	私たちは「新しいコミュニケーション文化の世界の創造」に向けて、個人の能力を最大限に生かし、お客様に心から満足していただける、よりパーソナルなコミュニケーションの確立をめざします。
日産自動車	人々の生活を豊かに。イノベーションをドライブし続ける
パナソニック グループ	産業人たるの本分に徹し社会生活の改善と向上を図り 世界文化の進展に寄与せんことを期す
日立製作所	優れた自主技術・製品の開発を通じて社会に貢献する
ファースト リテイリング	服を変え、常識を変え、世界を変えていく
三菱電機	私たち三菱電機グループは、たゆまぬ技術革新と限りない創造力により、活力とゆとりある社会の実現に貢献します。

02
商品やサービスの
特徴や背景などを理解する

　広報・PRをするには、**その商品やサービスの特徴や背景、いわゆる「らしさ」を理解することが大切**です。そのためには、企業や担当部署へのヒアリングを徹底することです。そのときには**「質問力」**が大事になります。開発や営業の担当の方は、開発したり、商品を売ったりするのが仕事で、広報・PRのポイントが頭の中にあっても、言語化できていないことがほとんどです。**それを言語化するのが広報・PRパーソンの仕事です。**腕の見せ所でもあります。

　以下に、質問項目の例を挙げておきます。これに沿って質問すると良いでしょう。

商品やサービスの「らしさ」を言語するための質問

● 新商品なのか、既存商品なのか。リニューアルなのか。

● どのような背景で、いつから開発することになったのか。

● 誰のどんな思いで開発されたのか。

● 開発期間はどれくらいか。

● 開発で何が一番大変だったか。また何が一番楽しかったか。

● 印象に残っているエピソードはあるか。

● キャッチコピーや売り文句はあるか。

● どのようにプロモーションしていきたいか。認知度を上げたいのか、あるいは、すぐに売上を上げたいのか。

● 商品の特長を5つ挙げるとしたら何か。

- 商品の特長のうち「一番」素晴らしいと思われるものは何か。
- 商品のどの部分が企業理念やミッション、パーパスを表現しているのか。
- 他の商品と何が違うのか。
- 他の商品と比べて何が新しいのか。
- 商品がどう世の中に役立つのか。
- 商品の情報を誰に届けたいのか。
- 売上目標はあるか。
- 1年後、3年後、5年後、10年後に商品がどうなってほしいか。
- 商品のデメリットや弱点があるとしたらどんなことか。

「らしさ」を引き出す質問のポイント

また、質問力を上げる（＝「らしさ」を引き出す）ためのポイントを3点挙げます。

① 「Why？（それはなぜですか？）」を多用すること。

②質問する相手に**責められていると感じさせない**こと。人によっては質問を繰り返されると責められていると感じることがあるので、予め「これからたくさん、しつこいくらい質問をしますが、広報・PR活動のために知りたいことをお訊きするだけで、責めているわけではありません。わからないことは答えなくても大丈夫です」などと伝えておくと、相手もリラックスして答えやすいです。

③回答がなかなか出てこないときは「他社で似たような商品がありますが、特に違う点は何ですか？」といった**具体的な事例**を入れた質問を投げかけましょう。

03

誰に届けたいかを見極める

その情報はどこに届けたいのか

　材料（情報）が出揃ったところで、次は実際の広報・PRの手段へと話を進めます。

　例えば、化粧品メーカーで「新商品発売のためのPR」をすることになったとします。その化粧品は製造前の段階で、すでにコンセプトは決まっているでしょう。それは30代向けなのか、40代向けなのか、どれくらいの年収で、どんなライフスタイルの人が買うのか。その人たちがどういう目的で商品を使うのか。例えば、アンチエイジングなのか、美白なのか。はたまたメンズに特化した化粧品なのか、など。**そうした情報を基にプロモーションしたいメディアをピックアップしていくのが基本的なPRの方法**です。

　その商品やサービスの特徴について、「どのような方にアプローチしたいですか」と訊いたとき、「若い人にアプローチしたいです」と答えたとします。それを受けて、ただ単に若い人というだけでやみくもにPR活動を行っても、良い結果を生み出すことはできません。

　この場合、「どのような方にアプローチしたいですか」という質問がいけないのです。ここでは**「誰にアプローチしたいですか」**と質問するのが正解です。

　企業の多くは、**商品コンセプトでは細かくターゲットを決めているのに、PRの段階になるとざっくりしたものになるケースが多い**

のです。それは多くの人に知ってもらいたいという希望があるからなのでしょう。

その「誰か」のプロフィールを作成してみる

しかし、実際に動く広報・PRパーソンは、ターゲットは「どのあたりの層」ではなく、「誰」とできるだけ「個人」をイメージすることが大切です。商品コンセプトに沿って「若い人」などとひとくくりにせず、年齢は10代なのか20代なのか30代なのか、性別は女性なのか男性なのか。職業は学生なのか会社員なのか自営業なのか、と具体的にイメージします。そして、「年収は450万円で都内に住んでいる一人暮らしの30代の女性で、ファッション雑誌を定期購読している人」などといった具体化できるメインターゲットのプロフィールを作成するのです。メインターゲットのプロフィールを定めてから、20代や40代などの上下の年代の人にも届けることを考えていけば良いのです。「多くの人に知ってもらいたい」という要望も理解できるのですが、**まずは「点」となる人をターゲットに決めること。**そして、その次は少し広げて優先順位をつけていきます。「一人暮らしではなく、結婚して3年以内の人」「都内ではなく、大都市在住の人」などと広げていくほうが、多くの人に知ってもらう近道となるのです。このように、**知ってもらう優先順位**をつけることは必要不可欠です。

優先順位を決めたら、その最上位の人たちに届けるよう、メディア展開を考えます。私はこの段階でも優先順位をつけます。**ピックアップしたメディアの中から、たった1つのコアなメディアを絞り、最初はそこにピンポイントでアプローチしていくようにするのです。**

もちろん実際には、1つのメディアだけでなく他のメディアにもアプローチするのですが、まずはターゲットとなる人たちにピンポイントで情報が届くよう、**一番の核を摑む**のです。

20代女性をターゲットにするのであれば、そこを読者層、視聴者層としているメディア関係者がその人たちの行動心理や消費意識をよく理解しているので、そうした情報には一番敏感です。また、実際にアプローチするときのやりとりで、アドバイスをいただけることもあり、より**サービスのコアの部分を炙り出すことができる**ため、メリットが多いのです。

やみくもに情報を拡散するのではなく、まずはピンポイントに情報を集中させる、これは応用的なアプローチ方法ですが、とてもおすすめです。

その人が日頃、何から情報収集をしているのかを確認する

私は、年齢層ごとに、その人たちが何から情報を収集しているのか、媒体ごとに割り出すようにしています。テレビ番組は何を観ているのか？　雑誌なら何を読んでいるのか？　Webメディアは？　SNSは？　配信動画だったら？　インフルエンサーだったら？

移り変わりはありますが、今挙げたメディアについては細かくチェックしています。情報のスピードと移り変わりが激しい時代で、1年前どころか数か月前と今とでは動向がまったく違うということも多々ありますから、これらの媒体については2～3か月ごとにチェックし直しています。

雑誌では編集長が、テレビ番組ではプロデューサーやディレクターが代わると、その内容や読者層が大きく変わることもしばしばあ

ります。ママ向けの雑誌だったのに、家事や育児の記事が極端に減り、ファッションの記事が中心になった、などということもあります。そういうときは、「この雑誌は違う層も見るようになったんだろうな」と考え、アプローチする情報を変えていきます。

　テレビ番組は1クール（3か月）ごとに替わることが多いため、その時期はメディアリストの入れ替えが急務となります。

年代別、使用するメディアとSNSの種類

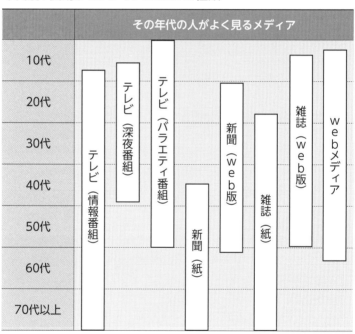

	その年代の人がよく見るメディア
10代	
20代	
30代	
40代	
50代	
60代	
70代以上	

メディア：テレビ（情報番組）、テレビ（深夜番組）、テレビ（バラエティ番組）、新聞（紙）、新聞（web版）、雑誌（紙）、雑誌（web版）、webメディア

　SNSは、X（旧Twitter）、Instagram、TikTok、Facebook、ブログ、noteなどをチェックします。

消費者の動向もリサーチしよう

メディア側の動向だけでなく、消費者側の動向のリサーチも必須です。私は日頃から周囲の人たちに次のように訊いて回るようにしています。

> 「最近、テレビは何を観てる？」
> 「インスタとかTikTok、YouTubeはどのチャンネルを見てる？」
> 「最近、面白い動画ある？」
> 「どこから情報を得てるの？」
> 「前はLINEニュースを見てるって言ってたけど、今はどう？」

自社のスタッフにも、面接の質問でも、打ち合わせや会合相手にも、同窓会でも、このような質問をして、あらゆる場で情報収集をしています。常にアンテナを張りめぐらせておくのです。

こうして訊き回ることで、自分と世間とのギャップにも気づくようになります。自分と世間の価値観が同じではないとわかれば、**なんとなくの憶測で判断してはいけない**こともわかるもの。「この人はこういう雑誌を読んでるだろうな」とか、「このターゲットの人はX（旧Twitter）は使わないだろうな」といった、**自分だけの判断で想像したことは信用しない**ようにしています。

04

届けたい情報は、固定観念を捨てる

第三者の目で商品やサービスを見てみる

　前項では「ターゲットを定めよう」とお話ししたのですが、ここではそれを覆すお話をします。PRは「まずはメインのターゲットに向けて発信し、その次の優先順位においてさまざまな層にアプローチを試みる」という意味で読み進めていただければと思います。

　私はクライアント企業の方に、**「固定観念を捨てましょう」**と伝えています。例えば、50代以上に向けた商品があったとします。その層向けに開発し、その年代に向けた機能が売りとなっていても、第三者の目から見れば、10代の人の目にも魅力的に映る商品ということがあります。そこで、10代へのアプローチも視野に入れた広報・PR活動を提案するのですが、企業の方は50代以上をターゲットにする方向でしか考えられず、意見や提案を受け入れてもらえないこともあります。そんなときは**いったん固定観念を捨てて、「これはどういう方たちに便利に使っていただけるのだろうか」と今一度考えていただくようにします。**固定観念を捨ててもらうには、私たちの意見や提案だけでは足りない場合もあるので、周囲の人に意見や感想を求めてみるよう促します。家族や友人、趣味の仲間など、さまざまな方面の人に訊いてもらうと、そのビジネスとは少し距離のある人からもらった純粋な意見に気づきがあり、「やはり違うメディアにアプローチしてみましょう」となることもあるのです。

多くの人の意見を聴き入れよう

人は、気づかないうちに固定観念に縛られています。しかし、広報・PRパーソンや経営者は広い視野で物事を見て、多くの意見を聴き入れる姿勢が大切です。社内の人や関係者など、多くの人から意見を聴いているはずですが、それが気づかないうちに「固定観念」となってしまうこともあります。

例えば、パートナーや家族のことを考えてみてください。「彼は（彼女は）とても社交的だ」とあなたが思っていても、本人は人付き合いが苦手だと思っているかもしれません。一方で、本人が自覚していない部分があり、その部分が周囲から高く評価されていることもあります。家族や恋人といえども他人であり、**周囲の人間に見せる顔など本人の一部分でしかありません。誰しもさまざまな面を持っているのです。**

ですから、メインターゲットや優先順位を決めても、それを一度白紙にしてみるのはPR成功への大事な作業です。「いっそ、そういった決めつけから脱出しましょう」という話を企業にも共有しています。

100名より10名にアプローチするほうが効率的

多くの人にPRを展開する王道は**プレスリリース配信**です。今ではさまざまなプレスリリース配信サービスがあり、多くのメディア関係者が注視しています。

前項では、雑誌だったら○○、テレビ番組だったら××、ライターだったらこの記事を書いている△△さん、Instagramだったらこ

の人、と具体例を挙げてターゲットを絞ること」とお話ししました。

　一方、プレスリリース配信サービスを使った配信は、不特定多数の人たちに見てもらうものです。手軽に、多くの人たちに見てもらえるのは非常に高いメリットがあるのですが、これだけでは少し足りません。

　私はプレスリリース配信サービスを使った配信以外にも、個別にメール等でお送りする方を絞って送付しています。その数の目安は、まずは10名ほど。実際にこの情報を求めているだろうメディアの人の顔を思い浮かべながら、厳選します。

　例えば、食の専門ライターさんに、美容のことを送ってもお門違いですよね。ITの新サービスをファッション雑誌にアプローチしても、「これをどこで紹介したら良いのだろう？」と首をひねられてしまいます。もしかしたら、「この会社はよくわからないものを送ってくる」と思われ、信頼を失うことにもなりかねません。あまり送り過ぎると、しまいにはブロックされてしまう可能性もあります。

ターゲットを絞ったほうがうまくいく

　今はさまざまなメディアがあり、情報発信している人は細分化されています。こちらからアプローチする以上に、メディアは多数存在します。そのため、**自分のメディアで掲載したり放送したりする情報を、メディアの人自身も常に探していて、また、受け取り方もそれぞれ違います。**そのため、そうした人たちに最も適した情報、求めているであろう情報が確実に届くように、メールの文面やプレスリリースをメディアに合わせてわかりやすく書き換えて、その人に届く形にして発信します。限られた人にだけプレスリリースを発

信するという、ターゲットを絞ったやり方のほうが返答がくる確率が高いのです。

　さらに、もう1つの理由としては、「同じ内容のものを一斉配信しているな」と受け取り手側が感じると、熱量が下がるからです。**「不特定多数に送っている」ものについては、相手の優先順位が低くなるものです。**

　今はいろいろなメディアがあり、情報発信する人も増え、どこもスクープ、独自のネタを必至になって求めています。また、メディアを見る側も、みんながみんな同じものを見ているわけではありません。今は雑誌も紙だけでなく、Webでも展開しています。また、テレビもCSやBS、独立局もあるため、よりターゲットを絞ることが求められています。前述しましたが、メディアは数か月ごとに大きく変わっていくこともありますし、雑誌にしても、突然読者ターゲットが変わることも少なくありません。

　そのため、これまでの自分の経験や思い込みを払拭して、**実際に周囲に聞き込み、調査しながら、アプローチしたいメディアリストを更新し、その中からPRしたい商品やサービスはどのメディアが良いか、またどのメディアを好む人物に向けるのが良いのかを吟味**して、まずは10のメディアを選び、アプローチをしています。その10のメディアに熱烈にアピールすることで、相手側にも「大事にされている」と感じてもらい、その方たちから口コミが広がっていくことが期待できるのです。

　今や、Web まで入れると無数のメディアが存在する時代です。その中には PR したい商品やサービスがピンポイントに合うメディアが存在します。こうしたメディアのすべてを網羅することは不可能ですから、私は Web 検索や SNS 検索でそうしたメディアを探すようにしています。

　例えば、ビタミン C が入っている美容液だったら、ネットの検索サイトで「ビタミン C」と検索します。そこから、ビタミン C 入りのアイテムの記事を書いているメディアやライターさんを見つけます。ライターさんであれば、その記事以外にどんな記事を書いているかまでチェックします。**そこまで詳しく調べてからアプローチすることで、お互いに求めているものがぴったりはまる情報を送ることができ、取り上げてもらいやすくなったり、先方からも「良い情報をありがとうございます」とお礼の言葉をもらい、良い関係が築けるようになる**のです。

05

PRの目的を明確にする

売上アップか、採用強化か、その両方か

　広報・PRの目的は、突き詰めれば「**売上アップ**」と「**採用強化**」です。

　企業や、発売する商品、サービスにより、PRの目的は異なります。例えば、「売上アップ」の目的が100％の企業や商品もあれば、「売上にもつながれば嬉しいが、当面は採用を強化したい」という理由で「採用強化」の目的が100％の企業もあります。また「新商品なのでまずは売上アップがメインの目的だが、並行して採用も行っていかなければならない」という理由で、売上アップが7割、採用強化が3割という目的設定をすることもあります。

　そうした目的によって、アプローチするメディアが異なってきます。例えば、女性向けのファッション雑誌に、社員の方のタイムスケジュールやファッションが掲載されたとします。これによって企業の売上に直接良い影響が出るようなことにはならないかもしれませんが、記事を読んだ人が、「**こんな素敵な人が働いている企業なんだ。今まで聞いたことはなかったけれど、どんな企業なんだろう**」などと思い、興味を持ってもらえる可能性が出てきます。その読者が転職を考えていたら、Web検索して辿り着いた企業のホームページから採用募集ページを発見し、転職先候補の1つとしてストック

しておくかもしれません。また、有名なファッション雑誌に掲載された
れたことのある企業だというイメージがつくと、良い人材も集まっ
てきますよね。

　こうした**採用強化を目的としたPRは「採用PR」「採用広報」と
呼ばれ、この2～3年で一気に広まってきました。**弊社でも、2021
年10月から、企業の中途・新卒採用をサポートする採用広報・PR
プラン「採P」（さいぴー）の提供を開始しています。こちらでは内
容の詳細を省きますが、採用につながるメディアをメインにピック
アップしてアプローチを行うほかに、企業のホームページや
『Wantedly』という採用サービスに掲載する、経営者や社員インタ
ビューをPR視点で設計・インタビューを行い、記事を作成するな
どのサポートを行っています。

第 3 章

異業界の人だからこそ

メディアの人の
特性を理解しよう

マスメディアとは「マス=大衆」に対して、情報を伝達する「メディア=媒体」のことを指します。これまでは新聞、テレビ、雑誌、Web媒体、ラジオが主体でしたが、近年ではSNSやインターネット配信が活発になり、インフルエンサーをはじめとする個人の方の発信力も大きいです。このようにメディアの概念は広がり、また変革しています。本章では、一般的なマスメディアの人たちの特性や考え、また交流術を中心にまとめました。

01

アプローチするメディアを探し、興味・関心を理解する

(情報を求めているメディアを探す)

　メディアにアプローチする上で最初にすべきことは、アプローチ先の選定です。その選定によって、良い露出ができ、次の展開へと広がっていきます。どんなメディアを選ぶのが良いのか、具体的な例を交えて、選び方から考えていきましょう。

　以下にリサーチの順番とポイントを紹介します。

ステップ1　PRする商品やサービスの情報を届けたい人はどのようなメディアを見ているか分析し、ピックアップする。もしくは、PRする商品やサービスに似た情報の記事を書いているライターやインフルエンサーをピックアップする。

　情報を届けたい人の選定と、その人が見ているメディアやインフルエンサーのピックアップ方法は、37ページ以降で紹介しました。まずは、**目安として10のメディア**を目標にピックアップしましょう。

ステップ2　ピックアップしたメディアに記事を書いている記者やテレビのディレクターをリサーチする。

　メディアを選定したら、次は誰にコンタクトするか、担当者は誰かをチェックしましょう。リサーチ方法の一例を紹介します。

　・テレビのエンドロールをチェックして、プロデューサーやディ

レクターなど、自社の情報を送るに相応しい人を探す。

・雑誌の署名記事や特集を手がけた編集者やライターの名前をチェックする。また、目次や巻末に記載されているスタッフ欄、編集部欄をチェックする。

・新聞の署名記事をチェックする。

・WebやSNSにて、そのキーワードを入れて検索する。

・各メディアのサイトでキーワードを入れて検索する。

　すでにつながりのある人から、アプローチしたいメディアの人を紹介してもらう方法もあります。

・つながりのあるメディアの広告担当者などに該当分野の担当者を紹介してもらえないか相談してみる。

・共通の知人や友人から紹介してもらうことはできないか、自分の知り合いや友だちがアプローチしたいメディアの人とつながっていないか、SNSの友だちをチェックする。

ステップ3　ピックアップした新聞記者の過去の記事を読んだり、テレビのディレクターがかかわった番組を観たりしてみる。インフルエンサーの場合は過去の発信をチェックする。

　アプローチしたい記者やディレクターが過去にどのような仕事を手がけていたかを確認します。

・記者や番組のディレクターが最近手がけた過去記事や番組をチェックする。**記事の場合は最低でも3記事は読む。**テレビの場合は録画したり、「TVer」（ティーバー）などの動画配信サービスで番組を観たりして過去1〜3回分をチェックする。記事や番組が直近1か月のものなのか、3年前のものなのかといったこ

とも同時にチェックする。記者の場合は記事を書いていても、その記事が1年以上前のものでは、部署を異動している可能性がある。

・記者や番組のディレクターの名前をチェックし、XなどのSNSで探すと、過去記事を見つけやすい。

・記事が女性目線のものなのか男性目線のものなのか、ポジティブな記事が得意なのか、問題提起が得意なのか、**スタンスの分析を念入りに行う。**

・記事を読んだり番組を観たりしたら、**自分なりの感想をメモしておく。**アプローチする際に役立つ。

アプローチ先のメディアやインフルエンサーの過去の発信内容をチェックする上で気をつけるべきことは、**「過去にアプローチしたい自社商品やサービスを取り上げていないかどうか」**という点です。過去に取り上げていただいたのに、「初めまして」というスタンスでアプローチをしてしまうのでは、社内連携が取れていないことをメディアの人に示してしまうようなもの。メディアに対して雑な企業だという印象を与えかねません。

そのためにも、アプローチ先メディアと、過去に広報・PR部門のメンバーが取材などでやりとりした履歴がないか、社内の共有ツール（チャットワークやSlackなど）を検索したり、経営者に確認を取るようにしましょう。**やりとりをした経緯があれば、当事者に当時の状況を確認した上で、アプローチを行う**ようにします。

いかがでしょうか？　ここでお伝えしたことを基に、積極的にメディアアプローチにトライしてみてください。

番組テロップ、署名記事などからも情報をリサーチしよう

　SNSはメディアの人をリサーチするのにとても役立ちます。ただ、メディアの人の中には、SNSをしていない人もいます。私のところにも、「SNSから情報を得られない場合はどうしたら良いのか」という質問が来ることがよくあります。

　SNS以外でメディアを調べる方法ですが、テレビ番組ならエンドロールを見てプロデューサーやディレクターの名前を控えておきます。雑誌や新聞なら署名記事の名前を控えておきましょう。その上で、その人がほかに手がけた記事や番組を探してみる、雑誌なら編集部全体が発信しているSNSや動画を見てみるなど、リサーチする方法はいくらでもあります。ほかにも、雑誌の編集後記などにスタッフの名前や関連事項が記載されているものもよく見かけます。

　報道番組のレポーターは、テレビ局の報道部に在籍する記者が多いので、番組のホームページや、番組が発信しているSNSをチェックしたりします。それによって全体のスタッフ構成まで想像できることもあります。

　SNSから探し出すことに固執せず、スタッフのクレジットや、ホームページなど、いろいろなところから情報を得る習慣をつけるようにしましょう。

メディアの人を理解しよう

メディア関係者はとにかく忙しい

　あなたはメディアの人にどんなイメージを持っていますか？　ドラマや映画、小説などで、メディアの人といえば、頭が切れるキャラクターで、プライベートよりも仕事優先、夜遅くまで忙しく仕事をしているように描かれていますね。私が知る限りで言えば、ドラマなどで描かれているメディア関係者の姿は限りなく真実に近いです。特に新聞記者の方は、**毎日のように締切があり、常に時間に追われている**ように見えます。

　メディア関係者は総じて即断即決、しかも情報処理スピードが速いため飲み込みが早く、こちらの意図や狙いをすぐに理解してもらえます。ですから、メディアの人にアプローチするときは**「結論から伝える」**のが基本です。例えば、花粉症対策の商品を春が来る前の冬の間にご紹介したいなら、「早くも花粉症対策のご案内です。今回は花粉で悩んでいる多くの人に希望を与えられるかと存じます」といったように、先にストレートな情報を投げます。**挨拶文や社交辞令のような投げかけを延々とはせず、いきなり本題に入るくらいで良いでしょう。**私はこれこそが、相手を慮った、とても親切なやり方だと思っています。

　以前、弊社のスタッフからメディアの人へのプレゼンの場で、「いつも責められているようなプレッシャーを感じる」と相談を受けた

ことがあります。スタッフのプレゼン方法を詳しく聴いたところ、すぐに合点がいきました。そのスタッフは、アプローチしたい商品のことをいきなり話すのでは、相手はその商品を押しつけられるように感じて嫌になるのではないかと考え、雑談から始め、なごんできたところで商品の紹介をする手順を取っていました。しかし、相手の仕草や表情から「早くしてください」という空気を感じ取り、相手から責められているような気分になったというのです。

　私はスタッフにこう伝えました。「大丈夫よ。**その人は決してあなたのことを責めているわけでも、詰めているわけでもありません。**ただ、生きている時間の速度が違うだけ。だから、あなたからはまず先に結論を話して、相手から質問を受ける形にすれば、すぐにうまくいきますよ」と。

メディアの人はすぐに結論を欲しがる

　メディア以外の企業への営業なら、挨拶、雑談、気持ちがなごんだところで本題に入る方法は間違っていないと思います。でも、メディアの人は時間に追われる忙しい身です。どんな用件で連絡をしてきたのか、何を言いたいのかをいち早く求めます。常に、その日に処理しなければならない仕事の情報を計算しながら、あなたの話を聴いていると言っても過言ではありません。

　また、情報処理能力の高い人も多いため、**私たちの話に耳を傾けながら、それを自身のメディアでどのように展開していくかを考えているケースも多い**です。ですから、そのメディアの展開プランまでを想定して作成しておくと、その場でどんどん決定していくので話が早いです。

03

メディアの人の「働き方」と
「行動時間」を把握する

メディアによって勤務時間は異なる

「メディアの人はとにかく忙しい」と前述しましたが、私はその忙しさに寄り添い、**相手の空いている時間に狙いを定めてアプローチをする**ようにしています。

新聞記者なら、夕方5～7時頃は翌日の朝刊の原稿締切に追われていることが多いため、その時間にアプローチするのは避けています。雑誌関係者なら週刊誌と月刊誌という発売サイクルでの違いがありますが、どちらも校了日前後にはアプローチするのを避けるようにしています。テレビやラジオのプロデューサー、ディレクターの場合は、担当番組のオンエアの時間帯は避けますが、加えて、生放送か収録したものを編集して放送するかによっても忙しい時間帯が変わります。

こうしたケースでは、お会いした際に相手の忙しい時間帯を伺うようにしています。**「いつもご多忙かと思いますが、いつぐらいのお時間帯でしたら、コンタクトが取れやすいでしょうか？」「月の上旬、中旬、下旬、または曜日で比較的お時間に余裕があるのはいつでしょうか」**といった具合で訊き出すと良いでしょう。

これまでもメディアの人たちの勤務時間や勤務スタイルはアバウトでしたが、コロナ禍を経てリモート勤務が増えたことから、さら

に個々の判断に委ねられるようになりました。以前のように、出勤や退勤の時刻が決まっているとは限りません。

　便利なことに今の時代はSNSがあり、SNSの投稿によって、その人が仕事をしている時間、オフの時間をある程度把握することができます。仕事が終わって帰宅した夜中にスマホからSNS投稿していることが多いため、投稿をチェックしては「いいね！」を押しつつ、DM（ダイレクトメッセージ）でコンタクトを取ることもあります。メディアの人でSNSをしている人については、Xのリポストや他のインスタグラマーへのフォローコメントなどを確認すると、おおよそのオンとオフの時間がわかります。

自分のオフの時間まで相手に付き合う必要はない

　こうして調べた情報を基に、私は相手のルーティンを変えないように、隙間時間に寄り添ってアプローチをしています。また、職種だけでなく、人によっても働き方は違うので、そこもSNSなどの投稿時間をチェックしながら、その方の行動に合わせたリアクションやアプローチをしていくと、返信してもらえる確率が高まります。

　しかし、これは**メディアの人のオフの時間まで狙えということではありません。メディアの人たちはオフでも、常に頭のどこかで自分たちが発信する情報を探しています。**ただ、オフはオフですから、その時間に踏み込んでも相手から拒絶される可能性もあります。SNSでのDMなどは、あくまでも四角四面の仕事モードではなく、**「興味がありそうだったので、よろしければ」**といった感覚でのアプローチが良いのではないでしょうか。

ちなみに逆のパターンもあります。今でこそだいぶ少なくなりましたが、メディアの人は夜中や日曜などに連絡してくることがあります。「メールを見ましたが、これは○○でしょうか？」といった質問や、「すぐにその商品を送っていただけますでしょうか？」という依頼まで、「えっ、どうして今!?」と驚くようなこともありました。こちらがPRをお願いした立場ではあるものの、24時間休日もなく営業しているコンビニエンスストアではありませんから、夜中や休日には対応できないことも多いです。オフのときに来る連絡に困る場合は、**メールの署名欄にこちらの活動時間を記載しておいたり、オフの時間には「申し訳ありませんが、本日の活動業務は終了しました。明日○時より対応いたします」と自動返信メールの設定**をしておきます。弊社では小さいお子さんがいるため短時間勤務をしているスタッフには、メールの署名に勤務時間を入れるようアドバイスしています。

　メディアの人は、校了や収録本番前などの緊急の場合は、深夜であろうが電話をかけてくることもあります。営業時間外、勤務時間外の連絡に、無理をしてまですぐに対応する必要はもちろんありません。オフのときはしっかり休むのが基本で、そこまでメディアの人たちに合わせる必要はありません。とはいえ、相手の緊急の必要性と、今後も長く付き合っていきたいことを考えると、**可能なときには対応やサポートをしてあげると、今後あなたのお仕事がしやすくなることもあるかもしれません。**

04

メディアの人の印象に
振り回されない

相手の一挙手一投足に右往左往しない

　私はもう慣れましたが、初めてお会いするメディアの人について、「寡黙で、ちょっと怖いな」「怒っているのかな」という印象を抱く人もいるかもしれません。

　メールでのやりとりでは、表情や仕草、話し方や言葉づかい、声のボリューム、圧の強さなどがわかりません。こちらがまだ説明している途中でも、それを遮って「それって、どういうことですか？」「それって、こういうこと？」「その説明は後で良いです」などと強めに言われることもあります。そんなときは、「あれ、何か失礼なことをしてしまったかな？」「怒っているのかな？」と疑心暗鬼になるものですよね。

　でも、これは単なる勘違いです。**相手のそうした態度は通常運転。**繰り返しますが、メディアの人は**とにかく忙しいだけ**なのです。相手の機嫌を損ねてしまったと気に病むよりも、「多忙モードのときに当たってしまったんだ」と割り切って考えたほうが気楽ですし、実際にそうだったことを私は何度も経験しています。後日、お会いしたときに「先日お会いしたときはちょうど忙しくて、失礼なことを言ってしまってごめんなさい」などという言葉を頂戴します。相手も気にしていたのですね。忙しい人を相手にするのですから、**こちらは勝手に萎縮しないこと**です。

広報・PRは長期戦だと心得よう

　相手の態度がどうあれ、相手の時間が許す限り、私は話し続けます。メディアの人たちは、好奇心の塊のような人ばかりですから、私のキャラクターに興味を持ってもらえると、後々何かで起用してもらえることにつながります。そうなると、次にアプローチするときにはぐんと楽になります。相手との関係性が深まり、メールでのやりとりだけでアポイントを取れるようにまでなるのですから。

　メディアの人たちと広報・PRパーソンとの関係は対等です。**相手に萎縮したり、へりくだったりする必要はありません。**こちらは相手にとっても役立つ、貴重な情報を伝えているのです。**「売り込みだな」と思われるのは承知の上で、「でも、相手にとっても得する話をしている」**と考えるようにしましょう。「お互いにとって良い情報だから、相手にとっても助かることを伝えるためにアプローチしている」という気持ちでいることです。

　私は弊社のスタッフにも「メディアの人には『お話をしてあげている』ぐらいの気持ちでいなさい」と伝えています。ちょっと偉そうに聞こえるかもしれませんが、**「この情報を送っても相手の役には立たないのではないか」**という気持ちがあると、それが態度や表情に表れ、相手にも伝わってしまうことになります。

　相手の反応が鈍かったら、落ち込むのではなく、「今度はこの展開プランで推してみよう」と再挑戦に向け、戦略を練り直せば良いのです。うまくいかなくてきっぱり断られたとしても、**「今の時点では取り上げることはないということを教えてもらった」**と考えれば良いのです。

きっぱり断ってくれるのは、とても良い相手です。こちらに無駄な時間と手間を取らせないですむように、教えてくれるわけですから。また、そういうきっぱり断ってくる人が、別の機会に紹介してくれたりすることもあります。

　広報・PRは長期戦です。今日の負けが明日の勝ちにつながることも多いもの。**相手の頭の中の引き出しに「あなた」が少しでも存在していれば、別のところから同じような情報を手にしたときに「そういえば、こないだこのお話を聞いたな」と思い出してくれるはずです。**そして、「あのときはお断りしたけれど、やはり取り上げるべき情報だったんだ」と気づき、先方から連絡がくるというケースも実際にあるのです。

メディアの人へのアプローチは 筋トレのようなもの

　前項でもお話ししましたが、相手がよほど迷惑そうにしていなければ、私は時間のある限り話し続けるようにしています。テレビ番組のプロデューサーさんに、「企画会議はいつやるのでしょうか？ 素人の私が申し訳ないのですが、今後いろいろと企画のお役に立つ情報をお渡ししたくてー」とちょっと抜けているキャラを演じながら、情報収集のためにも会話を途切れさせません。

　本書をお読みいただいているみなさんの中にあるだろう**「メディアの人に何かしらの情報を届けたい、伝えたい」という思いは、「相手の役に立ちたい」という考え**によるものなのですから、萎縮することなく、アプローチをし続けてほしいです。

　広報・PRのアプローチは筋トレと同じです。1か月筋トレをしても、腹筋は割れないでしょう。**広報・PRパーソンのメディアの人へのアプローチも、すぐに成果が現れるものではありません。**コツコツと続けることで鍛えられていくのです。1年続けても効果が表れなかったら凹むかもしれませんが、3か月や半年程度やってみただけで諦めてはいけません。

　もし、**諦めの気持ちが芽生えたら、自分の目標やゴールを再確認しましょう。会社のサービスをメディアに取り上げてもらう、素敵な商品やサービスを生活者に届けたら、素晴らしい貢献になるなど、今一度自分の目標を思い出してみる**こと。そのゴールさえ見据えていたら、自分の心のダメージは半減すると私は自分に言い聞かせています。

05

「無視されても当たり前」で
いられるようにしよう

アポ電では感情の蛇口を閉めておく

メディアの人にアプローチをする場合、最初、私は電話をして対面でお会いできるかどうかを伺うようにしています。いわゆる「アポ電」です。

弊社でもこのアポ電を躊躇してしまうスタッフがいるのですが、それに気づいたとき、私はこう伝えています。

「水道の蛇口をひねれば水が出ます。水道を使わないときは蛇口をきちんと閉めておけば水は出ません。これは自分の調整次第ですよね。感情もそれと同じこと。**怖い、冷たくされたら悲しいといった感情は、自分だけの想像や妄想だったりすることも多い**のだから、蛇口を閉めておけば良いだけのこと。躊躇するのは、あなたが感情の蛇口を閉めずに漏れてしまっているからなのですよ」と。

メディアの人は忙しいので、塩対応は当たり前ですし、アプローチをしても冷たい口調で返されることもあります。でも、それは相手が忙しいときにかけてしまっただけのこと。こちらが傷つく必要などないのです。もちろん、塩対応を受けるのは、最初は慣れませんし、経験を重ねた私でも感情の蛇口を閉め忘れたときには落ち込みそうになったりします。ただ、ここでお伝えしたいのは、**勝手に想像・妄想で落ち込まないこと。そして、自分の感情を「蛇口」というイメージに当てはめて客観的に見てほしいということ**です。

メディア側はさまざまな情報を集めているのですから、門戸は開いています。特に新聞や雑誌ではWebサイトに情報窓口となるメールや電話番号が記載されていることが多いです。それだけでもメディアへのコンタクトに関して、私たちはアドバンテージを得ていると考えられますし、**相手は基本的には情報に関してウェルカムの状態**でいるのです。こう考えると、これまでつながりのないメディアにアプローチするときに、気が楽になりませんか？　しかも、**もともと知らない人なのですから、最初から気が合うなんて期待するのはおかしい話**です。だから、冷たくあしらわれたとしても、「ああ、そういう人なんだ」くらいにとらえ、いちいちイラッとしたり、傷ついたりする必要などまったくないのです。感情の蛇口をきちんと閉めておけば感情が漏れることもありません。まずは蛇口を閉めてから、電話をすれば良いのです。

感情の蛇口を意識的にコントロールしよう

アポ電をかけるときや
取材対応など

しっかり閉めておく

プレゼンをするとき、
メディアキャラバンなど

全開に開く

電話1本で新たな関係を構築する

　誰とつながりがなくとも、メディアの人に知り合いがいなくても、**今この瞬間からできるのがPRの面白いところ。**遠くにいる親戚に電話するような感覚で、テレビ局の代表電話に「○○番組のスタッフルームへつないでいただけますでしょうか」と連絡をするのが広報・PRパーソンの仕事です。

　私も最初のうちはドキドキしましたが、何度も電話をかけているうちに慣れました。かつてはメディアの人に冷たくされたと感じて傷ついてしまうこともありましたが、届けたい情報と摑みたいゴールを見据えてからは、感情の蛇口を自由自在に開閉できるようになりました。初めてアプローチするメディアにアポイントを取る電話をかけるときは誰でも最初はドキドキするものですが、何回もかけていれば慣れてきます。躊躇せずにどんどんチャレンジしていきましょう。

06

メディアの人に対してNGなこと

採用する、しないを決めるのは相手

　アプローチの際、そのメディアの良いところを書いたり、読んだ記事や視聴した番組の面白かったことを伝えたりするのは良いのですが、**自分がそのメディアを「評価」するような伝え方になっていないか気をつけましょう。**

　例えば、次のような表現を使っていませんか？

× 「○○は、美容を学ぶのにとても望ましい雑誌です」

× 「知識の豊富なスタッフがいる御社編集部は、私にとって魅力的です」

× 「○○はこの商品にぴったりなんです」

× 「掲載するのは○○しかないと思います」

× 「私も貴番組のプロデューサーになりたいと思ったことがあり、○○は一番このサービスに合っていると感じています」

　なぜ、このような「上から目線」の表現になってしまうかというと、「自分がメディアを選ぶ」という立場だと思ってしまっているからです。さまざまなメディアの中から検討に検討を重ねて選んだアプローチ先かもしれませんが、アプローチする際には、あくまでも

「メディア側に紹介したいPR商品を選んでもらう」立場であること
を忘れないようにしてください。**「取材させてあげますよ。ご連絡く
ださい」という伝え方はNG**だと心得ましょう。

リマインドやフォローは不可欠

　メディアの人には毎日数百ものプレスリリースが届き、取材や撮
影を日々こなし、大変忙しくしています。そのせいか、30分前に伝
えられたことを忘れているなどということも珍しくありません。で
すから、**アプローチしたのに相手のフィードバックがなくても、怒
ったりがっかりしたりする必要はありません。**

　リマインドで再度アプローチし、「すみません。何のお話でしたっ
け？」と返されたとしても、スマートにまた同じアプローチをすれ
ば良いのです。だからこそ、広報・PRからの「フォロー」は大事な
のです。連絡したのに返信がなければ、「お元気でいらっしゃいます
か？」という軽い挨拶から始めて、**「以前ご紹介させていただきまし
た〇〇ですが、いかがでしょうか」**という流れでフォローしていき
ましょう。

07
メディアの人は
「商品を売りたい」わけではない

率直に感想を伝えることで距離が縮まる

　メディアの方をゲストにお招きして広報・PR向けの勉強会を開催したときのこと。ゲストのビジネス雑誌の編集長の方に「編集部にアプローチの電話をかけたときに、開口一番で何を言えば良いか」という質問があり、その回答として**「『読みましたよ！』が一番良い」**と話してくれました。この言葉は私の脳裏に印象的に残っています。

　確かに、もし私が雑誌の編集長の立場だったら、「今週号の○ページの業界大特集、読みましたよ。とても良かったです！」と言われたら嬉しいですし、テレビ番組の関係者だったら、「今日放送の◎◎の特集がとてもためになりました。さっそく◎◎を買って帰ろうと思います」と素直な感想を聞けたら励みになると思います。

　自分が発信していることを褒められたら誰もが嬉しいですよね。稀に、照れなのかわかりませんが、「ああ、そうですか」という素っ気ない反応の人もいますが、それでもこうした感想の言葉が確実に会話の糸口となるのは間違いありません。たとえ、その特集がその人の担当ではなかったとしても、こちらが「担当者さんによろしくお伝えください」などと言うと、「ああ、今いるはずだから、呼んできましょうか」とか、「伝えておきます。なんなら折り返し連絡させましょうか？」と親切にしてくれることもあり、その後のやりとり

がとてもスムーズになります。

リサーチには手間を惜しまない

　一般的な話として、初対面の人や、メールやSNSのツールでしかやりとりをしたことがない人と**距離を縮めるには、共通の趣味や盛り上がれそうな興味のある話題を探す、単純に波長が合うことを探す**といったことが挙げられます。

　ただ、それを可能にするには、相手の情報が必要です。相手の情報がなければ、雑談や会話は手探り状態の運任せとなります。**こちらから何発弾を放っても、あちらこちらへと飛んでいくだけで、相手の心を射止めることはできません。**

　そうならないようにするために、私は**出会ったメディアの方々の情報を徹底的に知ろうと**努力します。大まかなお仕事の内容はもちろん、今いる部署に就いてからどのくらい経つのか、それ以前の部署では何をしていたのか、SNSをしているならそこから探れる趣味や生活、どんな映画が好きなのか、お気に入りの本や最近行った旅行先などを**愛情たっぷり**にリサーチします。決して、コソコソ調べているわけではなく、そのことは相手と連絡を取り合った際に堂々と伝えます。

　例えば、相手が実家に帰っていたことをSNSで発信されていたとします。そんなときは「SNSを拝見させていただきました。先週○○に帰省されていたのですね！　地元のお野菜、おいしかったですか？」などと言ってみます。そうすることで、「見てくれているんだ」という親しみを持ってくれて、相手の懐にスッと入ることができるのです。「私のSNSを見ているなんて、気味が悪い。この人は

失礼だな」なんて感じる人はいません。なぜなら、**SNSは誰かに伝えるために行っているのであり、知られたくない情報は投稿しません。**それ以前に、嫌なら最初からSNSをしていないでしょう。

　メディアの人は「商品を売りたい」ために記事を書いているわけでも番組を作っているわけでもありません。メディアの人が大事にしているのは、そのメディアを見ている読者や視聴者です。ですから、情報をリサーチする手間は惜しまないようにしましょう。こうしたことを１つ１つ丁寧に積み重ねていくことによって、強固な関係を築き上げていくことができるのです。

Column ▶ メディアの概念が変わった!?

　「もうテレビの時代は終わったね」などという言葉を聞くようになりました。TikTokやYouTubeなど、世の中には情報配信メディアがあふれています。また、NetflixやAmazonPrimeなどのサブスクリプションの配信が主流となり、若い人を中心にリアルタイムでテレビ番組を観る人は減少しています。本当にテレビの時代は終わったのでしょうか。

　確かに若い人が情報を得るのはスマートフォンからが主流ですが、テレビを観て育った世代の人にとっては、**まだまだテレビの影響力は絶大です。特に都会から離れた地方では、いまだにテレビや雑誌で情報を得ていることも多い気がします。**こうしたことを考えれば、現時点ではテレビがメディアの王様であるといっても差し支えないでしょう。

テレビで紹介されてバズったものの例

日焼け止め

バッグ

写真撮影サービス

医師の往診サービス

フィンテックサービス

日本全体で考えると、**やっぱり多くの生活者は「テレビが好き!」**なんですね。テレビで紹介されたものは反響が大きく、番組で取り上げられて大ヒットしたり、飲食店ならしばらく行列ができたりすることもあります。企業側も新商品展開の際にはテレビCMをばんばん流します。

　かなり前には「読者モデルブーム」がありました。ファッション誌、特に若い世代向けのギャル系の雑誌では学生などの素人モデルを起用したり、アパレルメーカーのバイヤーやプレスを起用してファッションの最先端を発信させたりしていました。カリスマ的な読者モデルも誕生し、テレビでも引っ張りだこになるなど、今思えばインフルエンサーの走りのようなものですね。

　現在はインターネットが主流になりつつあります。企業もそれを看過せずに、多くのインターネット発のインフルエンサーにコンタクトを取り、商品のPRに活用しています。やはり、若者が主体となり世界を回していく時代においては、**Web、特にSNSの展開は必要不可欠**なのですね。インフルエンサーの影響力はこの数年で何倍にも膨れ上がっていますし、そのインフルエンサーも芸能人やスポーツ選手、政治家や評論家はもちろん、有名なYouTuberでさえもなく、**一般の人がどんどん増えています。**

　誰もが情報を発信できる時代になりました。そう考えると、「メディアって何?」という疑問も生まれますが、今は**流れに沿って枠にとらわれずに、PRする商品にピタリとはまる媒体は何か、良い反響を生む展開方法は何かを吟味すること**が大事です。そのために、私も毎日アンテナを広げ、注視しています。

メディアの人とは
長く付き合うスタンスで

用事がなくても連絡する

　広報・PRの業務は、できるだけ長く続けるのが理想と考えます。3〜4年、できることなら30年や40年かけて一緒に取り組んでいくこと、まさに**ロングターム・リレーションシップ**を大事にしていくことで成果が上がるのです。対企業やスタッフに対してだけでなく、メディアの人に対しても同じです。リモートワークの導入が進み、コミュニケーションが希薄になりがちな時代だからこそ、できるだけ関係性を長く続けること、**深くつながった縁を絶やさないことが大切**だと思っています。

　そのために、私は自分から**定期的に連絡**を取るようにしています。「千田さんはこまめな人ですね。もうそんなに連絡してこなくても大丈夫ですよ」と言われることもあるくらいに連絡を取ります。

　そんな話をスタッフにしていたら、「でも、用事がないのに連絡するのって難しくないですか？」と質問されました。それに対して私は、「遠くに住んでいるお友だちに、『最近どうしてる？』ってたまに連絡しないの？」と逆に質問しました。**友だちなら用事がなくても連絡できるのに、仕事関係者には用事がないと連絡できないのは矛盾**していますよね。

　極端な例かもしれませんが、遠距離恋愛をしている人なら恋人に「今日はこんなことがあってね」「この本がとっても面白かったんだ」

と、用事がなくてもこまめに連絡すると思います。メディアの人との関係はビジネスですから、遠距離恋愛をしている恋人のようにとまでは言いませんが、そのくらいの感覚で連絡を取るようにしていれば、末永いお付き合いができるはずです。

長く付き合える関係を築くために、まずは会いに行こう

電話やメールでのアプローチからメディア掲載を獲得する、あるいはテレビなどで紹介してもらえるというのは、滅多にない稀なケースだと認識してください。電話やメール1本で事が済むほど広報・PRの仕事は簡単ではありません。

私は、まずは「会う」というアポイントを取るのを1つのゴールとして設定しています。アポイントを取るといっても、あまり相手の負担にならないよう、「今週、そちらの近くに行く用事があるので」などと伝えて、相手の心理的負担を下げるようにしています。

メディアの人と実際に会ってみると、相手に対して抱いていた心理的なハードルがぐんと下がるような気がします。おそらくメディアの人も同じように感じてくれるのではないでしょうか。そして、15分でも良いので、紹介してもらいたいサービスや商品の説明ができれば、相手の様子や相手からの意見も伺えます。雑談までできれば、関係性はますます深まります。相手のほうも「せっかく時間を取ってくれたのだから」「わざわざ来社してくれたのだから」という感覚を持っていただけたりします。

まずは会うこと、それがメディアへのアプローチの1つのゴールであり、そして、ロングターム・リレーションシップのスタートとなるのです。

受け取った名刺に、
相手の印象を書き込んでおこう

　ある方から頂戴した名刺の余白に「クーラーが効き過ぎていて寒かった」と自分で書いたメモを見つけました。名刺交換したときに、冷房冷えを話題にしたのでしょう。

　私は名刺にその人と出会った日や場所、またはシーン、会話などを書き込んでおくようにしています。相手が言った印象に残る言葉を書き込むこともあります。そうしておくことで、次に会ったときに、「あのときお会いした場所は冷房が効き過ぎていて寒かったですね」などと、会話の糸口になる話題ができるからです。

　これは相手に対して「自分のことを覚えてくれていた」という好印象を抱かせることになると同時に、**相手に少しでも自分のことを思い出してもらえるようにする工夫**にもなります。**相手の肩書きによりランダムに連絡してきたと思われないことも大事**です。

　メールで連絡をするときなども、以前に何の件でお会いしたのか、そのときのエピソードなどをつけ加える方法はとても効果的です。ぜひ試してみてください。自分のことを思い出してもらえますし、**「あなたのことを覚えていますよ」と示すことで、相手との交流が深まるのです。**

第 4 章

メディアの人が1秒で振り向く

アプローチメールの
書き方、送り方

メールの文章はその人柄を表します。だからといって、初め
て連絡をする相手に対して、自己紹介から始めないことで
す。序文は「初めまして」程度の素直な挨拶で始めるのが
好印象でしょう。また、相手が最近かかわった仕事につい
て何かしら感想を伝えるのも好印象につながります。本章
では、アプローチの第一歩となるメールについて詳しくお
話ししていきます。

01

メディア露出につなげる
アプローチメール

　メディアでの露出を獲得するにはさまざまな工夫が必要です。特にその第一歩であるメールの文章には秘訣があります。いかにメディアの人に読んでもらえるか ——。それに尽きます。

　そのことを十分知っているからか、メディアの方を囲んでの勉強会などでは、「メールはどういうタイトルだと読んでもらえますか？」「どういった内容だと響きますか？」「いつ送れば良いでしょうか？」といった広報・PRパーソンからの質問が飛び交います。まさに、メールで成果を勝ち取るには、どうやったら良いのかをみなさん模索しているのです。

　では、実際にメディアの人に読まれるメールとはどのようなものなのでしょうか。営業メールのフォーマットは、インターネットで検索すればたくさん出てきます。それを参考にしても良いのですが、**広報・PRパーソンからメディアの人へのアプローチでは、単なる営業メールを真似しても相手に響くものにはなりません。**

　まずはメールの文章以前に、メディアの人にやってはいけないことからお話ししていきましょう。

売り込み優先の文章にはしない

　内容はもちろんのこと、タイトルも含めて、**メルマガのようにその商品やサービス一辺倒の文章にしてはいけません。**メディアの人

にはさまざまなメールが届きます。特にメールのタイトルが営業や売り込みだとわかるものでは、すぐにごみ箱行きになってしまいます。まずは相手へのご挨拶や自身の近況を伝えるものを意識しましょう。とにかく売り込み優先の内容にしないことが絶対です。特にやってはいけないのは「商品の宣伝」だけになること。**セールスではなく「紹介」「シェア」のスタンス**で書くようにしましょう。

親しき仲にも礼儀あり、文章は「ですます調」で

　メールは手紙と同じです。あまりかしこまってもいけませんが、友だちへ送るようなくだけた文章はいただけません。特に初めてメールを送る相手には「丁寧に」を心がけるに越したことはありません。**「読みました」は「拝読しました」、「見ました」は「拝見しました」**というように、丁寧な言葉づかいにしましょう。

　また、**あなたの感想や相手への気持ちを盛り込むことも大切**です。そうすることで、単なる営業メールではなく、相手へのお便りや手紙のような意味合いが強くなります。一斉メールではなく「私からあなただけに送る唯一無二のメール」であることが伝われば、それだけ読まれる可能性が高まります。

　久しぶりに連絡をする人には、簡単なご挨拶とご無沙汰していることへのお詫びの言葉に加えて、**相手の最近のお仕事などを伺う言葉や、自身の近況報告も書いておきます**。疎遠になったからといって、メールの送り先リストから簡単に外してはいけません。私自身、しばらく連絡をしていない人から連絡をいただいたらとても嬉しくなるタイプですし、相手もあなたからのメールを思いのほか喜んでくれるかもしれません。

相手の仕事ぶりを調べる

　初めてメールを送るメディアの人についても、その人がこれまでどういった仕事をしてきているかを調べておきます。相手が新聞記者なら、検索すれば執筆した記事が見つかるかもしれません。雑誌の編集者なら、どのような企画の記事を作っているか、どんなコーナーを担当しているかなどを調べておくとよいでしょう。

　例えば、相手が以前にビタミンCに関する特集を担当しているなら、「ビタミンCを含んだ化粧品が出たので、〇〇さんのことを思い出しました。以前、〇〇さんが手がけたビタミンCの記事を興味深く拝見したことがあります。ぜひ、この化粧品も〇〇さんにお試しいただきたいです」など、そのメディアの人がかかわった記事や番組の感想も含めてメールを送ります。「なぜ、あなたにこのメールを送ったのかの理由」を書くのです。すると、相手は「この人は私の仕事に注目してくれている。この化粧品も何か仕事につながるかもしれない」と思ってもらえる可能性が高くなります。

　要は、「記事を拝見しました」「番組を観ました」など、「あなたを見ています」ということを率直に伝えるのが良いのです。直近の記事や番組、SNSの投稿などを見て、その感想を一読者・一視聴者として冒頭にひと言つけ加えるとより良いでしょう。メディアのWebサイト等に記載されている「編集部宛て」メールに送る場合は、「番組名」のほかに「コーナー名」「特集名」などを入れると、より距離が近くなる傾向があります。

02
SNSのDMでも
アプローチしてみよう

SNSのDMでの注意点

メールがビジネスに利用されるようになってから20年あまり経ちます。それまでは電話や手紙がビジネス上の主な伝達ツールでした。それが現在ではメールが主流となり、電話は逆に相手の都合もあることから失礼にあたると言われることもありますし、手紙はタイムロスが生じるため不便に感じるようになりました。それが現在では**メールからInstagramなどのSNSのDMも主流になりつつあります**。急速な時代の変化を感じますね。

ビジネスの伝達ツールが手紙や電話からメールへと変わったときには、メールのマナーが叫ばれましたが、**SNSのDMでも、メールとは少し違う注意点があります**。メールアドレスのやりとりをしなくてもコンタクトが取れる点が大きいからです。

例えば、Instagramなら、既に発信している投稿がありますから、相手の投稿内容にまったく触れずに営業や売り込みのDMを送っては不信感を買うことになりかねません。特に著名人やインフルエンサーへのDMでは尚更です。まずは、**その人の投稿をきちんと見る**こと。Instagramでは仕事面とは違った顔で登場していることも多いため、よくチェックするようにしてください。

人によってはかなりの投稿数があったりするため、全部に目を通すのは難しいかもしれません。できれば**2回くらいはスクロールして**

見ておきましょう。日頃から相手のSNS投稿をチェックしているなら別ですが、新しくつながりたい方については、30投稿くらいに目を通して、良いなと感じた3投稿くらいに「いいね！」をつけると同時に、そのタイミングでDMを送ります。

「いいね！」をつける投稿は、適当に選んではいけません。**しっかり見て、本当に良いと思うものに「いいね！」をつけてください。**適当に選んでは、「いいね！」をつけても、その適当さが相手に伝わってしまうかもしれません。

特にしっかり読み込むのは、**直近の投稿とピン留めされた投稿**です。私は、少なくともピン留めは2つくらい、直近のものは3つくらいには必ずしっかりと目を通すようにしています。

共感力こそ最高の武器に

DMの文章もメールの文章のように、必ずInstagramの投稿の感想を盛り込んでください。例えば、「5月に投稿された筋トレのインスタを拝見しました。私もその頃から筋トレを始めたのですが、まだ◎◎さんほどは筋肉がついていないです」といった具合です。

自分がどの部分に共感できたかを自分の言葉で語ることが一番です。例えば、着物が好きだったことが自分と一緒だったら、「着物って素敵ですよね、私も一度作ってみたいです」といった言葉を伝えたくなりますよね。本当に思っていないことを適当に送ってくださいということではなく、**本音の言葉を送っているかどうかは、不思議なことに相手から透けて見えるものです。素直に感じたポジティブな感想や言葉を伝えるようにしましょう。**

DMのタイトルは、「新商品のご紹介」「キャラバンのお願い」な

どとしています。SNSのDMは、初めてコンタクトを取るときに使うことが多いため、**「この人は何をしてほしいんだろう」**ということがわかるように、一番上にタイトルになるようなものをつけると、読んでもらえることが多いです。

　DMは、相手に届いているかわからないものもありますが、読んでもらえるものと信じて、きちんと相手のことを調べて送りましょう。私の経験から言っても、実際に読んでくれていることのほうが多いです。

　ただし、読んでもらえても、必ず返信が来るとは限りません。ですから、**送った後は過度な期待をしないこと。**そして、返信がなくても凹まないようにしましょう。「頑張って書いたのに」「返信がないってどういうこと？」などと恨めしく思ってはいけません。返事がなくてもDMを２～３回送ると、相手は**「私でなくてはいけない何かを頼んでいるんだ」**と気づいて、返信が来る可能性が高くなります。著名人やインフルエンサーのInstagramのDMでは、フォロワーからの毎日の挨拶や感想など、それこそ何百ものDMが届いているはずで、あなたのDMもたくさん届くDMの１つなのですから、見落としがあったり、冷やかしだと思われることだってあるのです。何度も送って、疑心から確信へと変えることが必要になります。相手にしっかりと見てもらえれば、返信してもらえる可能性は上がります。２回、３回と送る場合は、**内容をコピペするのは避けて、毎回違う切り口で送る**と、よりこちらの真剣度が伝わり、返信してもらえる確率が高くなります。

03

タイトルを工夫しよう

タイトルはシンプルなものがベスト

　あなたはメールのタイトルをなんとなくつけていませんか？　タイトルは相手が一番に見るもので、見た瞬間にそのメールを開いてもらえるか、ごみ箱行きになるかが決まる重要なものです。ですから、タイトルはメルマガのように定番の形にならないように気をつけましょう。私はシンプルに、「○月○日発売 新商品○○ プレスリリースをお送りします」「情報ご提供」といったわかりやすいものにしています。

　なお、SNSのDMはメールと異なり、タイトル欄がないのですが、**タイトルをつけておくと、「この人は何を自分にしてほしくてメッセージを送ってきたのか」をすぐに伝えることができます。**ですから、SNSのDMは冒頭に【　】を置き、タイトルとなる言葉を入れるようにすると良いでしょう。

相手の名前はタイトルに入れない

　私のところに届くメールやDMでも、タイトルに「千田様へ」と書かれたものをたまに見かけます。担当者がわからないのか、「ご担当者様へ」というタイトルで送られてくるメールもあります。ですが、こうしたタイトルは好ましくありません。タイトルは、どんな

用件で送ってきたのか、キャラバンのお願いなのか、取材案内状なのか、新商品発売の案内なのか、**メディアの人にとって得になる新しい情報だということをわかるようにするのが大切**です。「○○様へ」と書いても良いのは代表メールアドレス（部署の人全員が確認できるメールアドレス）に送る場合です。お名前を記載しておくと、そのメディア企業内の誰に宛てて送ったのかが他の人にもわかり、その担当者に転送されて見てもらえることにつながります。

メルマガと勘違いされそうなタイトルはNG

商品や社名、サービス名をタイトルに入れると、通信販売会社などから送られてくる商品やサービスのメルマガと勘違いされて、開けてもらえないことがあります。**あなたの会社の商品や社名はメディアの人は初めて聞くケースがほとんどでしょうから、興味・関心を引くフックになりません。**（逆に、有名企業やサービスとコラボレーションした商品などの場合だと、企業名やサービス名をタイトルに入れることでフックになるのでおすすめです。）できるだけ、メルマガのようなタイトルにならないようにしましょう。

また、「DX時代に改めて問われる○○！」のような記事系タイトルもメルマガと勘違いされてしまうことがあるので避けましょう。

タイトルの文字数は「20文字程度」がベスト

あまり長いタイトルはスマートではありません。あやしい案内だと勘違いされる場合もあります。タイトルは20文字以内が好ましいです。

送る側が「すごいでしょう」感を出したものはやめよう

「衝撃！」「日本初！」のように**送る側が「すごいでしょう」といった感じを出したタイトルでは読んでもらえません。**また、「本日締め切りです」と期間限定商品を案内するようなタイトルも、メルマガと勘違いされてしまう恐れがあり、開いてもらえない可能性があります。

未発表の内容や記者発表会の案内を送るとき

未発表の内容や記者発表会資料を送るときは【●月●日情報解禁】とタイトルに加えましょう。【情報解禁】は、メディアの人の目に留まる言葉の１つです。**メディアの人は、いち早く自分のところだけに情報を届けてもらえるということに反応します。**ですから、タイトルの最初に入れることで、「何だろう？」という反応になり、開いてもらえる確率が上がるのです。

タイトルやメール文に好ましい言葉、好ましくない言葉

OKワード	NGワード
「情報をお届けします」 「取材が可能です」 「このサービスで〇〇が実現できます」 「貢献できます」	「ぜひ取材をお願いします」

04
メディアの人に振り向いて
もらえるメール文

　タイトルだけでなく、メールの文章も工夫することでメディアの人に読んでもらえる、反応してもらえる確率が上がります。私なりに確立したメール文への工夫を紹介していきましょう。

最初にメディアを読んだ感想を入れる

　まずは相手の業務、仕事の成果に対しての感想を書きます。「先週送られてきたメルマガの記事は大変興味深く、参考になりました」「〇〇さんのインスタ投稿を拝見して、××を取り上げていたのに驚きました」など。褒め称えるのではなく、素直な感想、興味や質問でも良いので相手のことを書くようにしています。メール文の中に相手の名前（苗字）を2～3回入れても、親近感がアップします。

伝えたいニュースの意図と差別化を簡潔にまとめる

　このメールにおいて**特に伝えたいことは何か、そのニュースの何が重要で、どこが他にはなく、どんな点が面白いのかを簡潔に伝えます。**誰にとっても有意義な一般的なものに加え、**相手にとってどの部分にメリットがあるかを強調してアピール**しましょう。そうすることで、あなただけに送る「スペシャルな情報」であることを演出できるのです。

どのコーナーで、どんなアプローチなのかを明記する

　部署などの代表メールにアプローチをする場合についてお話ししましょう。メールを送る時点では、そのメディアの人にどうしてほしいかという目星はついているはずですから、その意図を明確に記します。例えば、テレビ番組のプロデューサーにアプローチのメールを送るときは、「何曜日のこの特集担当の方へご連絡したく、メールを送らせていただきました」などと書きます。その際、**誰に向けての情報なのかをはっきり記すようにしましょう。番組名だけ、雑誌名だけでなく、特集やコーナー名まで記してその担当者さんに届くようにして**ください。テレビ番組や雑誌では多くの人がかかわっているため、すべてを把握してはいないものです。**同じ番組内でも、特集やコーナーによって担当者が異なり、それ以外の人は何をしているか、何の情報を求めているかは知らないことも多い**です。そのため、ピンポイントにその情報が届くように、メールを送る側が配慮すべきなのです。もし、コーナー名がない特集の場合は、「火曜日17時20分頃に放送される◎◎企画の担当の方へ」などと細かく時間帯などを書いて、どの人に読んでほしいかわかるようにしましょう。

文章は長過ぎず、短過ぎず

　文章の長さは２スクロール程度で読み終わるよう、600字ぐらいまでに収めましょう。長過ぎては読んでもらえません。

　また、簡潔にまとめ過ぎの短い文章では今度は宣伝メールに見えてしまうことがあります。相手のメディアの感想などもなく、**こちらの言いたいことを伝えるだけというのも要注意**です。次の図に示

すような流れで、長過ぎず、短過ぎない文章にまとめます。

　なお、**「無表情のメール」**では相手の行動意欲を引き出すことはできません。営業メールに変わりはありませんが、営業メールに留まらない、しかし友人同士のやりとりほど近過ぎない、**絶妙な距離感**を意識してください。

アプローチメールの理想的な流れ

挨　拶

⬇

相手の仕事などの感想

⬇

お伝えしたいニュース

⬇

希望する展開方法

⬇

それによって、どのような効果があるか

商品画像活用や流行ワードが伝わる「文字装飾」

　大事な部分は色を変えたり文字を太くしたりするといった「見映え」も大切です。また、提案企画（プレスリリース）のタイトルや、資料・プレスリリースの冒頭に書いた１文など、インパクトを出したいところ、大事なところは、文字を太字にしたり、目立つフォントにするのも良いでしょう。**商品やサービスのどんなところにニュ**

ース性があるのか、どの部分が面白いのかを強調して伝えていくと、より響くメールになります。

　ただし、やり過ぎは逆効果です。注意しましょう。

誰でも心地の良い「改行、行間」に

　行間がぎゅうぎゅうに詰まっているメールは読みにくいですよね。「これ、どこで文章が切れているの？」と、目がどこを追って良いかわからないくらい文字が詰まったメールは、開いた瞬間に読む気がなくなります。ですから、行間や改行には気をつけたいものです。行間はスマホでも確認できますので、1度自分宛てにメールを送り、自分で読んでみてから、改行する位置を見直しましょう。

メールは会って話すことへの伏線とする

　メディアへのアプローチは、メールだけですべてが完結するわけではありません。そのため、直接会って話したい旨を、メールの最後に記しておきます。私はメールの文章の最後に、「もし、よろしければ30分でも良いのでお会いするお時間をいただけますでしょうか？」などと書くようにしています。

　メールを送る目的は、「メールを読んでください」ということだけではありません。メールはあくまでも通信のツールでしかありません。広報・PRのゴールは、その提案が成就することです。第2段階である「直接会ってお話しすること」につなげるのが大事なのです。対面のほうが、メールやオンラインでは伝えにくいことも伝えられますし、実際にサンプルなどを手に取って試してもらうこともでき

ます。また、**他愛もない雑談が記事になることもありますし、逆に広報・PRの展開のヒントをもらえることもあります。**

　PRの仕事は1回の出会いで終わりではありません。人と人とのつながりやお付き合いによって生まれる、長期的なものです。もちろん相手の都合を優先すべきですが、メールやオンラインでの打ち合わせだけで終わらせず、**1回は直接会ってみることをおすすめします。**そのときの雰囲気、会話のやりとり、雑談などから多くの副産物が生み出されるはずです。会ってお話しすることで関係性が変わったり、親近感が湧いたりする効果も期待できます。

　そう考えると、**アプローチメールで大事なのは直接会うための「アポ取り」**です。メールをただ送って終わり、ではないことを自覚して取り組みましょう。

メディアの人の「文章の書き方のクセ」を真似る

　メディアの人にはそれぞれに文章のクセがあります。それはやりとりをしていかないとわからないこともあるのですが、この女性誌のあの編集者にはこういったクセがある、このテレビ番組のあのプロデューサーにはこういったクセがある、といったように、細かいところで特徴が出ています。そういった**「本文の書き方のちょっとしたクセ」を真似したメールも、相手に親近感を抱いてもらうことにつながります。**

05
それほど親しくない
メディアの人にメールを送るとき

相手に思い出してもらうことが大切

　名刺交換をしたばかり、または誰かの紹介で1度会っただけなど、まだそこまで親しくない人へのアプローチは、その距離感から悩むものです。昨日会ったばかりならお礼のメールを送れば良いのですが、会ったのが半年前など、時間が空いてしまった相手には、どうしようかと悩みます。

　時間が空いてしまった相手には、まずは**自分を思い出してもらう**ことが先決です。見も知らぬ人からの営業メールほど、相手の心に届かないものはありません。相手が忘れている前提で、「**◎月◎日の〇〇のイベントでお会いしました**」「**〇〇さんのご紹介で、ご挨拶させていただいた●●です**」など、自身のことを思い出してもらう作業が必要となります。「ああ、あのとき会った●●さんですね」となれば儲けもので、返信をもらえる確率が高くなります。

　誰かに紹介してもらったのを機にメールなどでやりとりをしたことのある相手なら、つながりを強調してください。そうすることで信頼関係が生まれるからです。あるいは、「〇〇の記事を読みましたが、〇〇さんのお名前が載っているのを拝見して、ご活躍を嬉しく思いました」などと最初に書くのも、「以前にやりとりをした後も、あなたのお仕事ぶりを気にしていましたよ」ということが伝わり、好印象でしょう。

新規の相手へのメールアプローチ

　では、会ったこともやりとりをしたこともない、完全に新規の相手にメールを送る場合は、どうしたら良いでしょうか。

　初めての相手については、**あなたが相手のことをいかに知ったかを書く**ようにしましょう。企業の代表メールに送るにしても、「**●月号〇ページの企画を書いたライターの方へ**」というタイトルにして、その記事の感想を入れます。

　ただし、会社や部署の代表メールに送ると、返信がないことも多いため、直接届くメールアドレスの取得が欠かせません。メールだけでなく、**手紙を郵送したり、FAXを送ってみるなどの、他の方法も同時に試してみる**のが良いでしょう。

06

メールを拒絶された場合

拒絶でも返信があったことはプラスと考える

弊社スタッフから「売り込みは結構です」という返信をもらったと報告があったときのこと。スタッフ本人はかなり落ち込んでいます。私もその気持ちはよくわかります。ただ、そんなスタッフに対し、私は「何はともあれ、反応があったということは良いことです」と伝えるようにしています。

OKでもNGでも、承諾でも拒絶でも、**相手からの反応があれば先に進むことができます**。メディアの人には忙しい中不快な思いをさせてしまったかもしれず申し訳ないのですが、拒否メールは無反応よりも上と私はとらえています。

ですから、自分からの連絡を拒絶するようなメールが来たときは、ネガティブな想像をしないようにするのがポイントです。「そんな返信を寄越すなんてひどい」などとは間違っても考えません。ネガティブと思えるような反応があったときには、「相手はもしかしたら何かトラブルやすぐに対応しなければならないことがあって、余裕がなかったのかな」とか「忙し過ぎて、新規の案件をこなす状況ではないのかな」というようにとらえています。

私は、メディアの人から**「もう連絡してこないでください」と言われるまでは、タイミングを見ながら縁を切らさない**ようにしたいと考えています。そして、拒絶するような連絡をもらったときでも、

反応があるというのは良いことだとポジティブにとらえます。そして、別のアプローチ先を探そうと前向きに切り替えるようにしています。

メールの文章にワクワクが盛り込まれているか

　取り繕うような遠回しな言葉を駆使したメールよりも、売り込みをしていることは伝えてしまって良いと思います。なぜなら、売り込んでいるのは事実であり、こちらの本音だからです。ただ、その上で、相手にもメリットのある情報をお知らせしているということもきちんと伝えるようにしましょう。これにより一方的ではなく、相互に利益が生まれます。

　メディアの人に送るメールには自分だけでなく相手も得する情報を盛り込めるかがとても大事なのですが、売り込みに必死になるとその部分が希薄になってしまうため、**拒絶するようなメールが来ると後ろめたさや罪悪感を抱いてしまい、ネガティブな感情に陥りがち**です。

　仕事上のメールのやりとりは、あなたと相手のメンタル次第。例えば、半年ぐらい前に知り合った相手から、久しぶりに連絡が来た時点では「何だろう」といぶかしく思うかもしれませんが、「久しぶり」と感じて特段嫌な思いはしないでしょう。でも、それが明らかに売り込みのみの内容が書かれたメールなら、一気に拒絶モードになってしまいます。なぜなら、**相手の気持ちや状況を考えずに、自分の気持ちや感情、仕事やノルマを優先していることが伝わってしまうからです。**たとえ売り込みメールであっても、「○○さんと××のことを話して盛り上がったのを覚えてまして」「□□に精通してい

る△△さんのご意見を一度伺いたく思い、ご連絡してみました」などと**相手を立てた頼み方**をすると、相手は案外まんざらでもない気持ちになるものです。

　売り込みメールでも受け取る相手があってこそのもの。そこを蔑ろにしてはいけません。あなたはメールの文章を書く際に、相手の顔を思い浮かべていますか？　そして、楽しい気分で文面を書いていますか？　友人に手紙やLINEのメッセージを送るような**ワクワクした気持ちで、「この情報を伝えたら、喜ぶかな」といった気持ちでメール文を作ることが非常に大切**です。そうした思いは、きっとWi-Fiにも電波にも乗って届くでしょう。**メールを書くときに自分がどんなテンションになっているかをチェック**してみてください。きっと筆の進み方が違うと思いますよ。

07

メールを送ったら焦らないで待つ

人事を尽くして天命を待つ

　PRは相手あってこそのもので、なかなか思うように進まないことも多々あります。とはいえ、タイミングが合えば、すぐに採用され、とんとん拍子に話が進むこともあります。そうなったらラッキーですね。ただ、いくらこちらが良いもの、良い企画だと思っていても、内容がバッティングしていたり、タイミングが合わなかったり、担当者は乗り気でも上長判断で不可になることもあります。

　メールの返事がこなくても、そう焦らないでください。焦ると相手を急かすことになり、相手は重く感じてしまいます。恋愛と同じで、**ぐいぐい来られると一気に冷めてしまう**ことにもなりがちです。広報・PRの仕事は縁が持つものですから、焦らず待つことも大事です。**待ってないですよ、でも、待っていましたの気持ち**でいるようにしましょう。

　2023年7月にTwitterはXに名称が変わりました。しかし、中身は大きく変わっていないので、これまでと同じようにアプローチ対象にしています。SNSはまさに日進月歩で、TikTokが登場したと思ったら、次はThreadsが登場したり、新しいSNSツールは次から次へと誕生しています。もしかしたら、今あるもの以上のものが出てくるかもしれませんし、それが主流になる可能性もあります。まだ発展途上でこれからどうなるのかがわからないと私は考えています。

　SNSもそれぞれの特徴があるように感じます。利用者の性格や利用目的などにもよりますが、今のところThreadsに関しては、誰にも邪魔されないゆるい気持ちを発信したり、他のSNSでは出していない自分のキャラクターをテーマに発信する場所になっているため、現時点ではThreadsによるPRのアプローチは考えていません。とはいえ今後変わるかもしれないため、チェックは欠かさないようにしています。

広報・PR担当がチェックするべきSNS

情報収集トップ5	メディアの人とつながりやすいトップ5	メディアの人にDMを送りやすいトップ3
X	Facebook	
Instagram	X	Facebook
Facebook	Instagram	X
YouTube	LINE	Instagram
TikTok	LinkedIn	

08

メールに欠かせない添付資料

添付資料は汎用性のあるソフトを

　メールの文章は長過ぎると読んですらもらえないので、詳細な説明や企画書は資料としてファイルにまとめて、添付して送るようにしましょう。

　メディアの人の中には、**メール本文は読まずに、先に添付資料を開くという人も結構います。**資料がある場合は添付するに越したことはありません。中には添付資料は開かれないままということもありますが、それは相手次第です。

　資料を添付する際の注意点は、可能であれば容量は3MB以下に抑えることです。イメージしてもらうために写真を添付することもあるかと思いますが、その際も容量は3MB以内を意識し、それ以上になる場合は軽いデータにするか、画像圧縮ツールで圧縮しましょう。イメージさえ伝われば良いので、解像度が高い写真は必要ありません。

　添付資料のファイル名にも注意が必要です。「最新」「修正1」「改」など、**社内でやりとりした言葉がファイル名にあると、雑な印象を与えてしまいます。**添付資料のファイル名もメールのタイトルと同様に、簡潔にして、送る前に必ずチェックしてください。社内で使っている資料や、汎用性の低いファイル形式の資料もNGです。そういうものはPDFファイルに変換してから送るようにしましょう。

ビジネス文書の作成で用いられる主なオフィスソフト

■Microsoft Word

ビジネスに必要な文書作成ソフトで、オフィスソフトの代表といえます。企画書、報告書や会議の議事録から、依頼状や挨拶状、案内状など、さまざまな場面で文字を使った情報伝達が行われますが、その文書を作るのによく利用されるソフトです。Wordはただ文字を打ち込むだけでなく、より読みやすい文書になるようにレイアウトを自在に変更できる点も重宝されます。

■Microsoft Excel

多くのビジネスシーンで活躍するのが表計算ソフトのExcelです。Excelは、「セル」と呼ばれるマス目に数値を入力して計算を行ったり、その数値や計算結果を基にグラフを作成したりできます。Excelを活用すれば、売上の計算やスケジュール表作成などの面倒な事務作業を任せることができ、さまざまな形式のグラフを簡単に作成できます。Excelで作ったグラフをWordに貼りつけることもできます。

■Microsoft PowerPoint

プレゼンテーション資料の作成で活躍するのがPowerPointです。プレゼン用のスライドを作成するソフトですから、効果的なプレゼンを実現するための機能が凝縮されているのが特徴です。プレゼンをしない人にはあまりなじみがないソフトかもしれませんが、使い勝手の良さとビジュアルのきれいさから、若い人を中心によく使用される、メジャーなソフトになっています。

■PDF

PDFはAdobeが開発したファイル形式で、紙に印刷するときと同じレイアウトで保存でき、どんな環境でファイルを開いても同じように表示されるのが特長です。この特長により、文書をやりとりしたり印刷したりする際によく用いられます。ファイルを開くにも専用の有料ソフトなどは不要で、Adobeが無料で配布しているビューアー（閲覧ソフト）で開くことができます。

09
メールを送る相手によって 送信時刻を変える

送る時間で見てもらえる可能性はぐんと高まる

　アプローチのメールはいつでも送ることができますが、メールを送付する時間や曜日、同じ月のうちでも月初や月末にするなど、タイミングを図るのも有効です。私は**送る相手によって、メールを送信するタイミングを調整**しています。

　新聞記者なら夕方の5〜6時は記事を書いていることが多いため、その時間はメールアプローチを避け、午前中からお昼過ぎに送るようにしています。夜はSNSを見ていることも多いので、記者の方のSNS投稿に「いいね！」ボタンを押してみたりもしています。

　テレビ番組の制作関係者は曜日により担当のプロデューサーやディレクターが分かれていることも多いもの。そこで、担当する曜日まで把握するようにしています。例えば、金曜担当のディレクターなら、多くの場合、一番忙しいのはオンエアの前日である木曜、もしくはオンエア当日の放送前です。ですから、前日や当日の放送が終わるまでは、メールを送るのは避けています。どうしても連絡する必要がある場合は「放送直前のお忙しいタイミングに申し訳ございません」とひと言つけ加えるようにしています。

　雑誌編集者は、週刊誌と月刊誌によっても異なります。**なるべくなら、社内で企画を検討する会議の前に送りたいので、先方の企画会議のスケジュールを知っておく**と役立ちます。この企画会議のタ

イミングの把握は、テレビ番組の制作関係者にアプローチする際も同様です。

　コロナ禍を経て、仕事のスタイルは変わりました。コロナ禍の前は新聞記者の方から夜中や休日でもよく連絡が来ていましたが、現在は少なくなりました。会社で勤務している日、在宅勤務の日など、メディアの人の勤務スタイルも個人個人で異なるようになりましたので、**相手の勤務形態**も知っておくと便利です。

　一方で、こちらの活動時間を伝えることを忘れてはいけません。広報・PRパーソンは急な対応を迫られることも多く、連絡がつかなかったことで企画がダメになるということも。メディアの人にも迷惑をかけてしまいます。そうしたことにならないように、例えば短時間勤務をしている人ならメールの署名欄に勤務時間や休みの日を入れておくのも良いでしょう。また、土日祝日以外の平日に休暇を取る場合や年末年始などの長期休暇のタイミングは、メールの自動返信設定で休み明けに連絡することを相手に伝えるようにすると親切です。

ネタ探しのタイミングで アプローチをすると効果的

　雑誌もテレビも新聞も、それぞれ締切が違います。締切に間に合わせるようにリサーチをするスケジュールもそれぞれ異なります。まずは「違う」ということだけわかっていればOKです。

　例えば、週末に放送されるテレビ番組なら、その週の半ばくらいがネタを本気で探すタイミングだったりします。週刊誌なら毎週何曜、月刊誌なら月末など、企画を出したり検討したりする時期がそれぞれのメディアにはあります。

　そうしたネタ探しの時期を訊いておき、そのタイミングに合うように情報をお届けすると、重宝してもらえるかもしれません。

　ただし、**ネタ探しのタイミングにとらわれ過ぎる必要はありません**。基本的に、情報提供を求めているメディアであればいつ送っても良いのですから、こちらが送れるタイミングを優先し、相手のネタ探しのタイミングに合わせられればさらに良しという感覚でいれば良いでしょう。

10

リマインドメールを送るタイミング

リマインドメールを送るのは当たり前

　返信が来なかった場合は、2回目、3回目とリマインドメールを送ります。

　これまでの私の経験から、1回目のメールはスルーされることも多いです。人は1回言われただけでは、なかなか行動に移さないもの。**何度かプッシュされたり、念押しされたりして初めて、「これは自分に必要な情報かもしれない」と思うようになるのです。**

　それこそ、**メディア関係者には1日で何十通、何百通のメールが届くこともざら**です。見落としもあるでしょうし、後で返信しようと思っていても忘れてしまうこともあるでしょう。そうしたことを避けるためにも、こちらからのリマインドメールは必要なものだと私は考えています。

　記者発表会などの招待メールは、イベント当日の1か月半から3週間くらい前までに1回、イベント当日の1週間前に「来週になります」というお知らせを1回、その前日に「明日開催します」という確認メールを1回、計3回送ります。

　一般企業の場合は、1か月先の予定はわりと決まっていることも少なくありませんが、メディアの人のスケジュールは良い意味でフレキシブルに変わりますし、直前で現場が変わることもしばしばあります。ですから、メディアの人は**1か月後なんて半年後のように**

はるか先だと感じていることも多いようです。そのため、記者発表会やイベントなど、ご案内しても忘れられてしまったり、そもそも予定が立てられなかったりすることも多いのです。それを見越して、「来週になります」「明日開催します」というリマインドメールを送ることが大切なのです。リマインドメールを見て「明日だった！」と思い出し、感謝してくれる人も少なくありません。

リマインドメールを送る際の注意点

リマインドメールを送る際の注意点としては、ただ単に「返信がありませんが、いかがですか？」という内容にはしないこと。1回目のメールで興味を持ってもらえなかった可能性も加味して、別の切り口を入れたり、相手になぜ来ていただきたいかという説明を改めて入れたりして送ると良いでしょう。

ちなみに、最初のご案内のメールを送るべき人に送るのを失念してしまったというケースもありますし、最初のご案内メールの後で知り合った人にリマインドメールを送りたいということもあるでしょう。その場合は、「急で大変恐縮なのですが、明日こうしたイベントを開催します」というお知らせを送ってみましょう。参加するかしないかは相手次第、こちらはメールを送ること自体が仕事なのですから。

リマインドメールは広報・PRの仕事には必要不可欠です。ケースバイケースですが、セオリーとしては3回が基本です。

メディア関係者は日々新しい情報、旬の話題を求めています。ですから、ご案内やリマインドメールに「今朝のYahoo!ニュースで

取り上げられました」などといった時事ネタや、旬の話題を盛り込むと、印象良く受け入れてもらえるかもしれません。こうした内容はプッシュに使うとより効果的です。リマインドメールの際に、そうした新しい情報をつけ加えると、相手の反応がぐんと良くなります。

11

「しつこいと思われるのでは?」と考えがちな問題

自分本位から相手本位のマインドになるべき

　営業メールやPRメールは迷惑ではないかと考えがちです。そのせいか、何度もリマインドメールを送るのは「しつこいと思われるのではないか」などと考えてしまう人もいるかもしれません。

　でも、相手からはっきり「しつこいからもう送らないでほしい」と言われたわけではないなら、あなたが引く必要はありません。「たくさん連絡を入れるのは、迷惑かもしれない」と考える気持ちもわからなくはありませんが、人は自分のことをそれほど気にしていないものです。

　少し厳しいことを言うようですが、「何かしたのかな」「私は怒らせてしまったのかもしれない」といった「相手が自分のことをこう思っているかもしれない」という思考は、**相手のことを考えているようで、実は自分のほうに矢印が向いている**のです。その矢印をぐるっと相手に向けると、自分はさておき**「相手にとって何が一番役に立つことか」**という相手主体の思考になります。

　相手のことを思う気持ちと相手があなたのことを思う気持ちは均等ではありません。また、あなたがしているアプローチが、相手の都合に合うタイミングとは限りません。**「自分のことなどまったく気にしていないもの」くらいの気持ち**でいれば良いでしょう。

鈍感力も必要な能力

　最近は「繊細さん」こと「HSP」が話題となっています。HSPの人たちは、相手が何を考えているかを察知する敏感さが鋭いのです。人の心を敏感にとらえられるHSPの人たちのすごさを感じる一方で、広報・PRパーソンには「人間ってすぐ忘れるんだ」と思う**「鈍感力」**も必要だと感じます。

　実際、私も「相手からちょっと鬱陶しがられている」と感じたこともあります。でも、人間は忘れるから前に進めるのです。**自分の行動が明らかに行き過ぎたときは反省も必要**ですが、「今日のあの人の言い方は冷たかったけれど、デザートに食べたいプリンがなかったのかな」くらいに考えたほうが良いかもしれません。日を置いてコンタクトを取ってみたら、意外に良い反応だったということも多々あります。

　とにかく、重く考え過ぎないようにすること。重くならない、気にしない、そういう「鈍感力」を鍛え続けることです。**私たちのやるべきことは、必要な情報を届けるべき人に届けること**であって、萎縮することではありません。

　「大丈夫。きっと後でうまくいく」。これは広報・PRパーソンの成功の合言葉です。

第 5 章

広報・PRをスムーズに進める

メール・メッセージ・トークのサンプル集

いざメディアへアプローチする段になると、具体的にどのような文章のメールを送ったら良いのか、あるいは実際にお話しするときはどのように話を持っていったら良いのか考えてしまうもの。営業ならマニュアル的な情報が世の中にたくさん出ていますが、広報・PRの仕事についてはあまり見かけません。ここでは私が実際に使ってきたアプローチをするときのメール文などを掲載しておきますので、こちらをアレンジしてみるのも効果的です。

01
メディアに送るメールの作り方の大原則

前章までにメールの書き方を説明しましたが、本章でも改めてメディアに送るメールについてまとめておきます。

タイトルのつけ方

「【情報ご提供】●●●／○○広報担当□□」など、簡潔かつインパクトあるものにしましょう。企業の代表窓口や部署の共通アドレスにメールする場合は、「【○○様の◎月◎日の記事を拝読しました。▲▲ご紹介】」といったタイトルにします。

なぜその方にご連絡したか、何を紹介するかを件名に明記するのも良いでしょう。

メール本文は、挨拶、お礼や感想、自己紹介から始める

メールの本文は、まずは挨拶です。面識のある人なら「お世話になっております」、初めてメールを送る相手なら「初めまして。突然のメールにて失礼いたします」で良いでしょう。

お礼をするようなことがあるときは、挨拶に続いてお礼文を入れます。**前回お会いした場合はそのお礼を、前回掲載していただいた場合もそのお礼を、「初めまして」の場合はそのメディアを読んだ感想**などを入れ、次に「○○社で広報を担当しています□□です」と

自己紹介をします。お礼や挨拶文が長くなる場合は、先に「○○社で広報を担当しています□□と申します」と名乗りましょう。そこは臨機応変に入れ替えてください。

目的と詳細を伝える

挨拶文の後に、「●●●の情報をご紹介したくご連絡を差し上げました」や「○月○日に商品説明会を開催します」などの本題を記載します。

そして、企画提案や案内などの本題の簡単な概要を記載します。この段階では長いメールは相手に嫌悪感を与えるかもしれないので、詳細はメール文には書かず、資料のファイルを添付するか、参考サイトのURLを貼りつけ、興味があったら見てもらうようにします。

そして、メールの主な目的である商品説明会などの日時を記します。**申込みなどが必要な場合は、いつまでに返事が欲しいという期日を明記しておきます。**

面会の提案

最後に、**「お会いして実際に商品をお見せしてご紹介したいので、**ご検討ください」などと書いておきます。PRの目的は最終的にそのメディアに取り上げていただき、必要な人に情報を届けること。そのためにはメールだけで商品やサービスの説明をするのでは足りません。**相手が少しでも関心を持ったら、足を運んできちんと説明する**ことが必要です。アプローチメールはそのための第一歩となるのです。

02

アプローチメールのサンプル

■サンプル①　テレビ番組のプロデューサー宛(1)

 New Message _ ▲▼ ✕

Subject　◎月10日と11日に、健康経営のイベントがございます

●●様

お世話になっております。XXX広報部の○山です。

先日は、ご相談に乗っていただき、本当にありがとうございました！
●●さんのアドバイスを新サービス担当に伝えておきました。
サービス開始は春頃を予定していますので、
また改めてご連絡いたします。

この度、「スポーツの秋・健康の秋」のタイミングで
健康経営に関するイベントを◎月10日(火)と11日(水)に
初開催することになり、ご連絡いたしました。
https://www.◎◎◎.co.jp/event/

実際に弊社サービスを導入しているA社の●●部の方を

ゲストにお招きし、トークセッションを行います。

ジャストアイデアなのですが、基調講演をされるC社の経営者に、

当日、健康経営のインタビューなども可能かと存じます。

●●さんもご存じのとおり、C社は先日、新商品を発表されて

話題になっています。

その裏話も●●さんにしていただけるのではないかと思います。

資料を2点添付いたしました。

お忙しい中恐縮ですが、ご確認いただけますと幸いです。

もしよろしければ、C社の広報担当も含めて

直接概要をお話しできたらと思います。ご検討くださいませ。

何卒よろしくお願い申し上げます！

☆8月に新サービス「XXX」をリリースしました！

━━━━━━━━━━━━━━━━━━━━━━━━━━━━━━

株式会社XXX　広報部　○山○子(MARUYAMA Maruko)

携帯電話：080-○○○○-○○○○

メール：maruyama@XXX.co.jp

〒100-0000　東京都港区●-●-●　○○ビル8階

TEL　03-○○○○-0000　　FAX03-○○○○-0000

◇株式会社XXX コーポレートサイト　http://XXX.co.jp

◇株式会社XXX 広報ブログ(毎日更新！)　http://XXX.co.jp/pr/

◇株式会社XXX 求人情報　http://XXX.co.jp/saiyou/

━━━━━━━━━━━━━━━━━━━━━━━━━━━━━━

■サンプル②　テレビ番組のプロデューサー宛(2)

Subject　【ご相談】◎◎◎の◇◇◇が好調です

●●様

お世話になっております。
XXX広報部の○山です。

昨日の放送拝見しました！　●●さんご担当の特集テーマは、
なかなか難しい課題が山積みだと思うのですが、
△△という切り口での紹介は新鮮で、思わず見入ってしまいました。

この度、発表時にも簡単にご紹介させていただいた
弊社の◇◇◇が好調ですので、
●●さんにも改めて最新の状況をお話しする機会を
頂戴できればと思い、ご連絡いたしました。

物価急騰の買い控えが続いていることが背景だと思われますが、
○月に発表した◇◇◇の利用者が当初の想定より
増加しています。(今月は、前月比140%になる見込みです。)
お客さまは30代から40代の男性が多数を占め、
リピーターが多いのも特徴です。

都内の◇◇◇では、土曜の朝は男性が並んで
開店を待つことが多いそうです。

ひと昔前は高齢者の利用が多かった◇◇◇ですので、
現役世代の男性が利用するのは予想外だったと
弊社の開発担当も申しております。

もしよろしければ、来週などにお時間を頂戴できれば
貴社までお伺いして◇◇◇の特徴や利用状況を
ご説明できるのですが、ご都合はいかがでしょうか?

ご検討いただけますと幸いです。
何卒よろしくお願いいたします。

☆○月に新サービス◇◇◇をリリースしました!
ーーーーーーーーーーーーーーーーーーーーーーーー
株式会社XXX　広報部PRグループ
主任: ○山 ○子(MARUYAMA Maruko)
携帯電話: 080- ○○○○ -0000
メール: maruyama@XXX.co.jp
ーーーーーーーーーーーーーーーーーーーーーーーー

■サンプル③　雑誌編集者宛

Subject　「○○○」より＊＊シリーズが新発売です

●●様

お世話になっております。XXX広報の◇山です。

最新号の美容液特集、拝見いたしました。
セレクトがさすが●●様で、私も気になっていた
アイテムも入っていたので、記事に推されて
思わず購入してしまいました。これから使うのが楽しみです。
(使い心地の感想はまた改めてお送りします。)

この度、●●様にご案内させていただきました
スキンケアブランド「○○○」より
新しく「＊＊シリーズ」が○月29日(金)に発売になります！

つきましては、勝手ながら、●●様宛てに現品を
郵送させていただいております。
(なお、情報解禁は発売日の○月29日(金)となっております。)

「○○○」の開発担当が次に注目した成分は「＊＊＊＊」でした。

夏の紫外線によりダメージを受けた肌のターンオーバーに
アプローチし、肌のハリとキメをサポートします。

安定した状態を保つことが難しいとされている「＊＊＊＊」ですが、
高い保湿力を持つ美容成分のうるおい膜によって包み込むことで、
「＊＊＊＊」を守り、優しく肌に浸透します。

詳細資料を添付させていただきましたので、
ご確認いただけますと幸いです。

今回の新商品につきまして、ぜひ私および開発担当者より
実際に使い方のポイントなどをご紹介しながら
●●様に直接ご説明させていただきたく、
30分ほどでも構いませんのでお時間をいただけますと幸いです。

お忙しい中恐縮ですが、ご確認・ご検討のほど、
何卒よろしくお願い申し上げます。

☆スキンケア用品「○○○」、2024年○月に5周年を迎えます！
━━━━━━━━━━━━━━━━━━━━━━━━━━━━━━
株式会社XXX　広報部PRグループ
主任：◇山 ◇子(HISHIYAMA Hishiko)
携帯電話：080-○○○○-0000
メール：hishiyama@XXX.co.jp
━━━━━━━━━━━━━━━━━━━━━━━━━━━━━━

■サンプル④　新聞（全国紙）の経済部記者宛

Subject　＊＊＊のプレスリリースを2点お送りします

●●様

お世話になっております。XXX広報の◇山です。

この度、＊＊＊のニュースがあり、ご連絡させていただきました。

＊＊＊の新たな展開としまして、この度、新たに
ABC社とCDE社と代理店契約を締結しました。
□□□で有名なABC社と、◆◆◆に強みを持つCDE社です。

特に＊＊＊は、●●さんもご存じのとおり、
5年前よりクラウドを利用した展開を図っており、
その展開の1つとして、□□□の導入を予定しています。

プレスリリースを添付させていただきました。

また、別件ですが、下記記事は●●さんが書かれたものかな？と
思いながら拝読しておりました。（違いましたら申し訳ありません！）
https://www.011keizainews.com/article0123456/

こちらの記事にもありますように、□□□と◆◆◆の双方の強みを
活かすことにより、＃＃＃につながる可能性があります。

代理店契約のニュースも＃＃＃の件も、
よろしければ詳しくご説明することが可能です。
オフィスにお越しいただければ、実際にデモをご覧いただくことも
できるのですが、例えば来週などのご都合はいかがでしょうか？

お忙しい中恐縮ですが、ご確認のほど、
よろしくお願い申し上げます。

☆平日10:00-16:00の時短勤務中です。
————————————————————————————
株式会社XXX　広報部PRグループ
主任：◇山 ◇子(HISHIYAMA Hishiko)
携帯電話：080-○○○○-0000
メール：hishiyama@XXX.co.jp
————————————————————————————

■サンプル⑤　業界専門新聞の記者宛

New Message

Subject

○○銀行など、金融機関に多く導入されている●●のご紹介です

○○様

お世話になっております。

XXXの広報担当の○田です。

××の件ではありがとうございました。

現在、担当部署にて確認中でございます。

期日までに原稿をお戻しさせていただきます。

この度でございますが、

○○様に初めてご紹介させていただくのですが、

弊社の認証システムです。

DXの追い風もあり、直近5年で**売上高が4倍**となりました。

https://www.XXX.com/news20240101

背景として大きなものは、

202◎年◎月の○○法の改正による、

金融機関を中心とした導入ニーズの増加だと思われます。

弊社の認証システムサービスは、

○○銀行を始め金融機関に多く導入されています。

こうした認証システムの最新情報等、

弊社の代表もしくは担当役員より直接お話しする機会を

設けることもできますので、◎◎様のご興味がございましたら、

お気軽にお申しつけくださいませ！

資料を2点、添付させていただきました。

お忙しい中お手数をおかけいたしますが、

ご確認のほど、何卒よろしくお願い申し上げます。

━━━━━━━━━━━━━━━━━━━━━━━━━━━━

株式会社XXX　広報部PRグループ

主任：○田 ○子（MARUTA Maruko）

携帯電話：080-○○○○-0000

メール：maruta@XXX.co.jp

━━━━━━━━━━━━━━━━━━━━━━━━━━━━

03

SNSのメッセージによる
アプローチのサンプル

XやInstagramのDM、FacebookのMessengerなど、SNSのDMでアプローチするときの文章をご紹介します。内容や伝えたいことはメールと変わりないのですが、**DMはPCやスマホで開いたときの面積がメールほど大きくなく、SNSによってはDMを送れる文字数に制限があるので、できる限りコンパクトにまとめる必要があります。**メールより文章を短く、シンプルにまとめるのがポイントです。署名欄も設けず、最後は名前を書いて切り上げます。

■サンプル① 新聞記者宛

【情報ご提供】新業務システムが□□賞を受賞しました

△△新聞社　■■支局
××部　●●様

初めまして。XX社で広報を担当しております○中と申します。
突然のご連絡を失礼いたします。
●●様が■■支局ご担当ということで、ご連絡させていただきました。

弊社は、大企業向けに業務システム開発を提供しており、昨年、日本企業としては20年ぶりに＊＊より□□賞を受賞しました。

受賞について△△新聞さんに取り上げていただいた記事が
こちらになります。
https://www.sikakusinpou.net/1234567

□□賞の審査員によれば、日本企業ではもちろん、
＊＊＊においては＃＃＃展開ができるのは世界的にも稀とのことで、
それが評価され、日本企業では久しぶりの受賞だったようです。

●●様がご興味ございましたら、記事になる・ならないに
かかわらず、開発の経緯や＊＊＊の耐久性などについて
ご紹介させていただければと思います。お気軽に仰ってください。

■■支局で長く記事を書かれている
●●様から見た□□賞に関する記事をぜひ読んでみたいです。

ご参考までに、プレスリリースと、弊社代表のブログの
URLをお送りします。
プレスリリース　https://www.release.com/123456
弊社代表ブログ　https://www.xx.com/presidentblog/

お忙しい中恐縮ですが、ご確認のほど、
よろしくお願い申し上げます。

○中

■サンプル②　テレビ番組のプロデューサー宛

【XXに関するトークができる方のご紹介です！】

●●さん、ご無沙汰しています。＊＊社広報の○川です。
先週は沖縄に行かれていたのですね！
●●さんが投稿されていた海の写真を見てとても癒されました。

ところで、少々説明が難しいサービスがあるのですが、
●●さんご担当の番組『＊＊＊』に合いそうだなと思いご相談です！

弊社が今年後半に発表する予定のサービスで
XXのサブスクリプションがあります。
このXXの監修をしている＃＃大学の＃＃教授が
メディア出演のできる方でして、例えばですが、
『＊＊＊』の番組の木曜日のコーナー『△△△』などで
「XX」についてトークできそうなのですが、どう思われますか？

＃＃教授の略歴です。　https://www.xyzdaigaku.ac.jp/kyoju/0000

検討材料で必要な情報があれば教えてください。
もしよろしければ、ご挨拶を兼ねて
貴社に＃＃教授をお連れさせていただきます。
よろしくお願いいたします！

○川

04

メディアへの電話アプローチの トークスクリプト

　続いて、メディアの担当者にアポイントを取ったり、電話で直接アプローチしたりする際のトークスクリプトを紹介します。

アプローチしたい企業の代表番号にかけるとき

アプローチしたいメディアに初めて電話をかけるパターンです

> お世話になっております。○○で広報を担当しております○山と申します。
> 新商品のプレスリリースをお送りさせていただきたいのですが、
> 『□□（番組名または雑誌名など）』のご担当者様（編集部）につないでいただけますでしょうか？

ポイント

● テレビやラジオなら番組名、放送される曜日、コーナー名まで、雑誌なら雑誌のタイトル（部署名）、記事タイトルまで伝えると、担当者につないでもらうのがスムーズになります。

● 放送番組では、番組放送中はオンエアのチェックをしているためにつないでもらえないことが多いもの。その番組の放送中は電話をかけるのはやめておきましょう。

- メディア企業の代表番号にかけるなら、18時くらいまでなら比較的どの企業でも受けつけてくれる人がいます。
- 放送番組のスタッフルームの番号や、雑誌ではその編集部の直通番号にかけるときは、直接担当者につながるかもしれないと思っておきましょう。

【電話に出た人の対応により臨機応変に話を進める】

・用件を訊かれたとき

○月○日に発表した新商品のメイクアップアイテムをご紹介したく、ご連絡させていただきました。

・不在と言われたとき

承知いたしました。お忙しい中、ご確認いただきありがとうございます。では、また改めてご連絡いたします。よろしければ直通のお電話番号を教えていただけますでしょうか。

ポイント

- 次に電話連絡をするときのために、何時頃に電話をすれば良いかを訊いておきましょう。また、担当者直通の電話があればそれも訊いておきましょう。

【お目当ての担当者につないでもらえたら】

お世話になっております。○○で広報を担当している○山と申します。この度、●日発表のニュースがありまして、ご連絡いたしました。
「＊＊」という＃＃の店舗が、○県の○市に●月●日にオープンします。こちらの情報を最初に□□さんにぜひお伝えしたいと思っております。
よろしければ、詳しく説明させていただくお時間を30分ほどいただけませんでしょうか？　弊社の事業責任者も同席して、詳細をお話しさせていただきます。

【相手の反応により臨機応変に対応しよう】

・アポイントが取れそうなとき

早々に事業責任者の予定を確認して、再度ご連絡いたします。差し支えなければ、メールアドレスを教えていただいてもよろしいでしょうか？

・アポイントを取るのが難しそうなとき

承知しました。よろしければプレスリリースをメールでお送りしたいのですが、メールアドレスを教えていただけませんでしょうか？

ポイント

● メールアドレスを教えてもらえなかったときは、お名前とFAX番号を訊いて、FAXでプレスリリースを送ります。

番組などを観てアポイントを取るとき

お世話になっております。○○社で広報を担当しております、△山と申します。
先週火曜日に放送された××番組のスタジオ企画にて＊＊の特集を拝見してご連絡させていただきました。
今回お伝えしたいと思ったのが、＊＊を一定期間利用できるサービスを先月末より弊社で開始したのですが、そのご体験企画の撮影などをご提案したいと考えております。
××番組の火曜日の特集のご担当の方、もしくはスタジオ企画ご担当の方はいらっしゃいますでしょうか？

【お目当ての担当者につないでもらえたら】

★改めて商品説明を行う。
もしよろしければ、実際にアプリを操作しながら詳細を説明するお時間を30分ほどいただけませんでしょうか？
弊社代表、もしくは私よりお話しさせていただきます。

【状況により臨機応変に対応しよう】

・アポイントの日時を自分だけで決めて良いとき

> ありがとうございます！
> 例えばですが、今週ですと明後日○日金曜日の○時などはいかがでしょうか？　御社にお伺いいたします。
> 来週ですと、●日もしくは■日でしたら何時でもかまいません。

・自分以外の担当者なども同席してもらうアポイントのとき

> ありがとうございます！
> 早々に代表の予定を確認して調整させていただきます。
> 例えばですが、今週や来週など、ご希望はございますでしょうか？
> **★相手の都合を聞き出せたら、その日程を含めて調整する。**
> では、改めて早めにご連絡いたします。
> メールアドレスを教えていただけますでしょうか？

ポイント

● アプローチの電話をかける前に、予め自分のスケジュールを確認して日時をいくつかピックアップし、メモしておきましょう。メディアの人は忙しいので、お電話口で日時と場所まで決められればベストです。

・アポイントを取るのが難しそうなとき

承知しました。よろしければプレスリリースをメールでお送りさせていただきたいのですが、メールアドレスを教えていただけますでしょうか？

ポイント

● メールアドレスも訊きだせなかったときは、お名前とFAX番号を訊いて、FAXでプレスリリースをお送りするようにしましょう。

　メディアの人との面会の場で、自社の社長や他部署の人に同席してもらう場合には、**このアポイントの場はあくまでもメディアの人の「ヒアリング」であって、正式な「取材」ではないことを同席者に伝えておきましょう。**てっきり取材だと思って席に着いたのに違ったという認識の齟齬を防ぐためです。

アプローチメールを送った後の電話トークスクリプト

　電話が先ではなく、先にアプローチメールを送る場合、その後で担当の方に直接電話で連絡をしておきたいもの。電話をかける先は、テレビ番組であればスタッフルームや担当者の携帯電話の番号に、雑誌であれば編集部の電話番号になります。

・スタッフルームに電話するとき

お世話になっております。XXX広報の△山です。
報道番組「＊＊＊＊」のご担当の◎◎様はいらっしゃいますでしょうか？

・担当者につながったとき、または担当者直通の番号にかけたとき

お世話になっております。XXX広報の△山です。
先週の放送、拝見しました。以前にこのネタを放送されると仰っていたので、楽しみに待っていました。
先ほどメールでも連絡させていただいたのですが、＊＊の件でお電話いたしました。
◎◎さんが今探されている情報とフィットするかわからないのですが、食品やシェア、物価情報ですとか、安く買う……といったことって探されてませんか？
お会いしてお話しできるようなら、実際に＊＊をお見せしながら説明したいのですが、ご都合はいかがでしょうか？

・アポイントが取れそうなとき

ありがとうございます！
それでは、○月○日の○時頃はいかがでしょうか？

★相手がOKなら
では、○日×時に△山がお伺いいたしますので、
よろしくお願いいたします。

★その日程では相手の都合が悪いときは
でしたら、△日の△時ではいかがでしょうか。

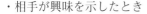

担当者直通の携帯電話にかけるとき

お世話になっております。XXX広報の○田です。
ご無沙汰しております。
今、お電話大丈夫でしょうか？
昨日メールでもご連絡させていただきましたが、
××での＊＊＊を発表しました。
以前に◇◇さんがこちらのジャンルに注目している
るということを伺った気がしたので今回ご連絡さ
せていただきました。
例えば、＃＃＃からの撮影ですとか、●●担当者
へのインタビューなどが撮影いただけるのですが、
いかがでしょうか？

・相手が興味を示したとき

ありがとうございます！　こちらでもほかに何か
撮影可能なものがないか確認いたします。

・興味はありそうだが「今は難しい」と言われ
　たとき

★別の可能性を探ってみる
承知しました！
今年は年末年始などには海外旅行が活況になると思うのですが、そういう
タイミングなどでしたら取り上げていただく可能性はありますでしょう
か？

・「何とも言えないですね」などと濁されたとき

★パターン①
そうですよね。突然申し訳ありませんでした。
もしよろしければ、今◇◇さんがこういう情報を
探しているというものはありますか？　今回ご案
内した情報と関係なくても良いのですが。弊社が
かかわっているもので、何かお役に立てる情報が
あればお伝えできるかもしれないと思いまして。

★パターン②
そうですよね！　申し訳ありません。もし本件で
後日ご質問などが出てきましたら、お気軽に仰っ
てください。そして、お忙しいときに恐縮なので
すが、もしよろしければ教えていただけると嬉し
いのですが、□□さんから見て、今、＊＊＊につ
いてどう思われますか？

ポイント

● 「興味ある」と言われなかった場合に備えて、次の手を複数用意
しておきましょう。

● 話が終わりそうな場合は、担当の方に、アプローチ情報につい
てのご感想やご意見を伺いましょう（メディアヒアリング）。経営者
や担当者にフィードバックできる、貴重な情報となります。

電話で話ができたら、5分以内にメールを送ろう

初めてアプローチした相手と電話で話ができたら、電話を切ってから5分以内にメールを送ると相手の印象に残りやすいですし、「すぐに送ってくれた」という感覚は仕事の速さを印象づけます。この手法は内容よりスピードが重要なので、2～3行ほどのお礼メールで良いでしょう。例えば、次のような形です。

先ほどはお電話にてありがとうございました。
興味深いお話が聴くことができ、とても参考になりました。

○○さんにご興味を持っていただける情報を
これからもいろいろと提案していきますので
どうぞよろしくお願いいたします。

また、どなたかに取り次いでもらった場合には、紹介してもらった方にお礼のメールを送っておきましょう。

●●さんに紹介していただいたおかげで
○○さんとお話しできました。感謝申し上げます。

こんな簡単なもので構いません。とにかくすぐにメールを送ることで、相手に印象づけるようにしましょう。

05

メディアの人を訪問するときの
シナリオを用意しよう

　メディアの人を実際に訪問するときの流れとコツを紹介します。メディアの人はとにかく忙しくて時間がない方が多いので、事前にシナリオを用意しておきましょう。先方に、当日急な撮影や取材が入ってしまい、企業のビルの入口で立ち話で5分くらいお話しして終了ということもあれば、お互いに話が乗り想定した倍くらいの時間を割いてもらえるということもあり得るので、できれば、アポイントの取れた面会時間に関係なく、「**5～10分程度の立ち話で説明するバージョン**」「**30分で説明するバージョン**」「**1時間以上丁寧に説明するバージョン**」の3つのシナリオを用意しておくと、急に予定が変更となったときにも漏れのない情報提供ができます。

メディア訪問の流れ

今日はお忙しいところお時間を取っていただき、ありがとうございます。
○○の特集を拝見したのですが、＊＊＊を◎◎◎の目線でご紹介したところがあまりない視点だなと勉強になりまして、紹介されていたサービスを早速Web検索してメモに控えておきました。

本日ご紹介させていただきたいサービスが全部で○個ありまして……

★アポイントを取った件以外の情報も紹介する。

最初にこちらの件から説明いたします。

説明は以上になるのですが、何かご質問はありますか？

・質問が終わってから

今ご紹介させていただいたサービスですが、ご紹介したばかりでこのようなことを訊くのは恐縮なのですが、掲載（放送）していただける可能性としてはいかがでしょうか？

・取り上げてもらえる可能性を示唆するお返事があったとき

○○さんのイメージがもしあったらで構わないのですが、仮に掲載（放送）していただくとしたら、いつぐらいでしょうか？

・取り上げることに難色を示されたとき

たしかに仰るとおりですね。
もしよろしければ教えていただきたいのですが、
○○さんとしては、どんな情報があれば取り上げ
ていただける可能性が高くなるとお考えですか？

＊＊＊のような展開があればどうでしょうか？

ポイント

● 提案したことに難色を示されたときでも、実現できそうなレベルで別の案を出すなど、次につながる話を用意しておきましょう。

・ご紹介した話題についてひととおりのことがヒアリングできたら

今日お持ちした案件とは関係なく、今調べている
ことや探しているネタはありますか？

本日ご質問いただいた内容など、お調べした上で
今日明日にまたご連絡させていただきます。

本日はどうもありがとうございました！

Column ## 訪問後はヒアリングの内容を社内に共有しよう

　メディアの人を訪問した後は、できれば当日中に御礼のメールを送っておきましょう。質問をいただいた場合は、「いただいたご質問につきましては、社内で確認しまして、遅くとも明後日までに返答いたします」など、次のアクションの期日を決めて共有しておくと親切です。

　また、メディアの人の反応やコメントをメモしておいたものを整理し、こちらもできれば当日中、遅くとも翌営業日中には、広報チーム、経営陣、開発担当部署などに共有しましょう。メディアの人が「これは面白い機能ですね。そういえばXX社にも似たような機能があったなあ」などと反応したひと言や、「例えば、このサービスでこういうことはできないんですか？」という何気ない質問は、企業からすると宝物のような情報になります。メディアの人は、企業が届けたい取引先候補や一般消費者の代表のような存在。そうした人たちの「この部分が面白い」という反応や質問には、商品やサービスのPRポイントのヒントが詰まっているだけでなく、改善点や今後のサービスや商品を開発する際のヒントにもなります。会社の中で、メディアの人とコミュニケーションを取る機会を持つのは基本的には広報・PRの担当者だけ。さりげなくメディアの人の反応や言葉を訊き出し、社内に共有するのも、広報・PRパーソンの大切な仕事の１つなのです。

第 6 章

メディアの人が取り上げたくなる

プレスリリースの書き方

プレスリリースを書くために心がけることは、記者の目に留まり、伝えたいことを正確に理解してもらえるような内容にすることです。そのためには、書き方の基本を知ることが重要です。本章では、プレスリリースの基本構成や書き方のポイントを紹介します。

01
誰にプレスリリースを
読んでほしいか考える

特定の個人を想像して作成する

　メディアの人に向けるプレスリリースは、その人へのラブレターみたいなものと私は解釈しています。というのは、プレスリリースは一般消費者に向けたものではなく、メディア関係者の１人１人に向けて作るものだからです。私は**プレスリリースを作成する際、特定の人のことを想像し、その人が喜んだり、驚いたりしてくれる情報になるよう、考えます。**

　すべてのメディアの人に対してプレスリリースを作成しても、何を伝えたいのか散漫になってしまいます。本音を言えばすべてのメディアの人に響くものを発信できるのがベストですが、私の経験から言うと、**全員に向けて書くものは、結果として誰にも読んでもらえないものになってしまいます。**まずは、どのメディアの人に読んでもらいたいのか、ターゲットを決めましょう。

　例えば、１番目は○○局の朝の情報番組で水曜日８時45分に放送される「注目の＊＊＊」コーナーの担当者、２番目は◎◎局の昼の帯番組『×××ワイド』で13時20分に放送されるタレントが探す「○○のランキング」のコーナー、３番目は○○新聞の日曜日の○面に掲載されるコラム、などというように、アプローチ先は具体的かつ細かく設定します。こうしたアプローチ先を４つほどピックアップし、その担当の方たちに向けてプレスリリースを作るのです。

プレスリリースの基本構成はこうなっている

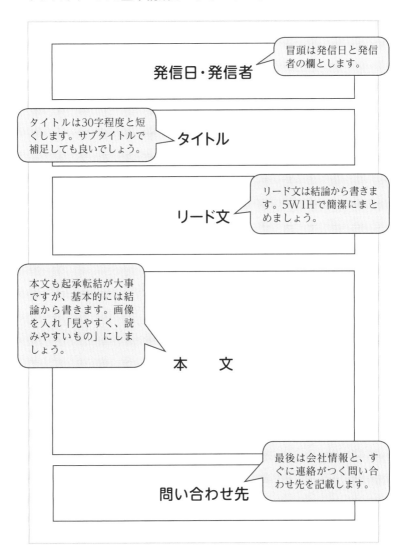

発信日・発信者

冒頭は発信日と発信者の欄とします。

タイトルは30字程度と短くします。サブタイトルで補足しても良いでしょう。

タイトル

リード文

リード文は結論から書きます。5W1Hで簡潔にまとめましょう。

本文も起承転結が大事ですが、基本的には結論から書きます。画像を入れ「見やすく、読みやすいもの」にしましょう。

本　　文

最後は会社情報と、すぐに連絡がつく問い合わせ先を記載します。

問い合わせ先

■サンプル①　Webページ（プレスリリース配信サービスなど）
　　　　　　　で配信されるもの

報道関係者各位

2022 年 9 月 1 日
株式会社エンペイ

「遠足代の件ですが…」という保護者への催促が負担。
保育者を悩ます集金業務のリアル
〜保育者の多くが 1 日約 1 時間を集金業務に費やしている!?〜

集金業務のキャッシュレス化・DX 化を実現する Fintech×SaaS プラットフォーム「enpay（エンペイ）」を提供する株式会社エンペイ（本社：東京都港区、代表取締役：森脇 潤一、以下エンペイ）は、エンペイをご利用中の教育施設の保育者様に対して「集金に関するアンケート」を実施しました。結果は以下の通りです。

■ 調査概要

(1)
・調査方法：インターネット
・調査対象：エンペイをご利用中の教育施設の保育者
・回答者数：n=136
・調査期間：2022 年 4 月 6 日(水)〜4 月 21 日(木)
・調査内容分析：株式会社エンペイ

(2)
・調査方法：インターネット
・調査対象：エンペイをご利用中の教育施設の保育者
・回答者数：n=179
・調査期間：2022 年 6 月 14 日(火)〜7 月 9 日(土)
・調査内容分析：株式会社エンペイ

※本リリースの調査結果をご利用いただく際は、【株式会社エンペイ調べ】とご明記ください。

■ 調査サマリー

・およそ4人に1人の保育者が、保護者への集金催促に負担を感じたことがある
・6割以上の保育者が、1日1時間近くを集金業務に費やしている
・ITによる集金によって約9割の保育者の心理的負担が減少。さらに、約8割が「保護者との関係も良好になった」と実感
・ITによる集金によって8割以上の保育者が「保育に専念する時間が増えた」と実感

およそ4人に1人の保育者が、保護者への集金催促に負担を感じたことがある

エンペイをご利用中の保育者136名に、エンペイ導入前の集金業務に関する経験談を聞いたところ（※1）、「その他」を除いて、「支払いが滞っている保護者へ催促をしなければいけなかった」が最も多いことがわかりました。その数は、およそ4人に1人にのぼります。

これは、集金業務に付随して発生する業務の中でも、保育者の方々にとって負担が大きいものの一つであることが推測できます。

保護者集金について、あなたの過去の経験に当てはまるものをすべてお選びください（複数回答可）

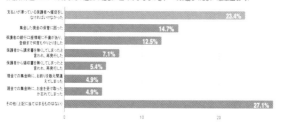

~~~~~~~~~~~~~~~~~~~~~~~~~~~~~~~

【株式会社エンペイ 会社概要】
会社名： 株式会社エンペイ
所在地： 東京都港区港南二丁目15番1号 品川インターシティA棟22階 SPROUND
資本金： 470,106,150円（資本準備金含む）
代表者： 代表取締役 CEO/Founder 森脇潤一
URL ： https://enpay.co.jp/
※『enpay』は決済流通総額の一定割合を子ども支援事業を中心に寄付しています。

【本件に関するお問い合わせ】
株式会社エンペイ 広報・PR担当:加藤
電話:03-68XX-XXXX Mail:XX@XX.co.jp

■サンプル②　メールやFAXで送るもの

報道関係各位

2022年9月1日
株式会社エンペイ

「遠足代の件ですが...」という保護者への催促が負担。
保育者を悩ます集金業務のリアル
～保育者の多くが1日約1時間を集金業務に費やしている!?～

集金業務のキャッシュレス化・DX化を実現するFintech×SaaSプラットフォーム「enpay（エンペイ）」を提供する株式会社エンペイ（本社：東京都港区、代表取締役：森脇 潤一、以下エンペイ）は、エンペイをご利用中の教育施設の保育者様に対して「集金に関するアンケート」を実施しました。結果は以下の通りです。

■調査サマリー
・およそ4人に1人の保育者が、保護者への集金催促に負担を感じたことがある
・6割以上の保育者が、1日1時間近くを集金業務に費やしている
・ITによる集金によって約9割の保育者の心理的負担が減少。さらに、約8割が「保護者との関係も良好になった」と実感
・ITによる集金によって8割以上の保育者が「保育に専念する時間が増えた」と実感

およそ4人に1人の保育者が、保護者への集金催促に負担を感じたことがある

エンペイをご利用中の保育者136名に、エンペイ導入前の集金業務に関する経験談を聞いたところ（※1）、「その他」を除いて、「支払いが滞っている保護者へ催促をしなければいけなかった」が最も多いことがわかりました。
その数は、およそ4人に1人にのぼります。これは、集金業務に付随して発生する業務の中でも、保育者の方々にとって負担が大きいものの一つであることが推測できます。

保護者集金について、あなたの過去の経験に当てはまるものをすべてお選びください（複数回答可）

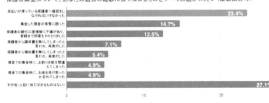

そこで、保育現場の集金事情の実態をさらに調査すべく、追加のアンケート（※2）を実施しましたので、以下にその内容をご報告いたします。
（※1）実施期間：2022年4月6日(水)～4月21日(木)（※2）実施期間：2022年6月14日(火)～7月9日(土)

6割以上の保育者が、1日1時間近くを集金業務に費やしている

エンペイ導入前までの通常業務における集金業務の割合について、最も多かったのが全業務時間の30%未満という回答。他にも、業務時間の半分以上を使っている方もいることが判明し、総じて、6割以上の方が「集金業務が全体業務の10%以上を占めている」結果になりました。

1

エンペイ導入以前は、集金業務は勤務時間の何%くらいに当たりますか？

- 30%未満
- 10%未満
- なかった
- 70%未満
- 70%以上
- 不明／集金業務なし

つまり、1日の勤務時間を8時間とすると集金業務に1時間近くを割いている方が多いということになります。

なお、集金業務が全体業務の10%以上を占めている保育者の中には、「集金がなかなかできずに、何回も催促の声を掛けることをためらってしまっていた」「請求金額の計算が複雑で時間がかかってしまう」などの回答が多く見受けられました。

集金という、保育業務には直接的に関係のない業務に1割以上の時間的リソースを割いていることに加え（※1）のアンケートで判明した「保護者への集金催促に負担を感じている」保育者が多いことからも、保育者の方々にとって集金業務は、時間だけでなく精神的な重荷になっていると言えるでしょう。

ITによる集金によって、約9割の保育者の心理的負担が減少。
さらに、約8割が「保護者との関係も良好になった」と実感

エンペイ導入後のITによる集金によって、約9割の保育者が「心理的負担が減った」と回答しました。
これは、集金催促のために保護者へ声がけをする必要がなくなり、負担が減少したことが大きいのではと推測できます。実際、約8割の保育者が「保護者との関係も良好になった」と実感しています。

ITによる集金によって、8割以上の保育者が「保育に専念する時間が増えた」と実感

さらに、エンペイ導入後のITによる集金によって、8割以上の保育者が「保育に専念する時間が増えた」と回答。
集金作業により生じていた保護者への催促や金額計算などがなくなったことで、時間的・精神的な余裕が生じたことが要因となっているのでしょう。

● 調査概要 (1)調査方法：インターネット／調査対象：エンペイをご利用中の教育施設の保育者／回答者数：n=136/調査期間：2022年4月6日(水)〜4月21日(木)/調査内容分析：株式会社エンペイ (2)調査方法：インターネット／調査対象：エンペイをご利用中の教育施設の保育者／回答者数：n=179/調査期間：2022年6月14日(火)〜7月9日(土)/調査内容分析：株式会社エンペイ
※本リリースの調査結果をご利用いただく際は、【株式会社エンペイ調べ】とご明記ください。

【集金業務支援サービス『enpay』（エンペイ）』について】

『enpay』は、教育施設における集金にかかる負担を最大98%削減できる、集金業務支援サービスです。『enpay』を導入することで、施設で扱う現金を0にすることが可能かつ、完全ペーパーレスで請求書発行から会計用データ作成までを30分で行っていただくことが可能です。教育業界における集金業務のDX化を促進することで、先生や保育士の方の時間を創出し、それを子供の教育の時間に使ってもらうことで、より子どもの機会が開かれていくことを目指してまいります。

enpayを使った集金の流れ

❶ 請求　❷ 支払い　❸ 管理／会計

決済方法はクレジットカード、コンビニエンスストア、LINE Pay、PayPayに対応

【株式会社エンペイ 会社概要】
会社名：株式会社エンペイ／所在地：東京都港区港南二丁目15番1号 品川インターシティA棟 22階 SPROUND
資本金：470,106,150円（資本準備金含む）／代表者：代表取締役CEO/Founder 森脇潤一／URL：https://enpay.co.jp/
※『enpay』は決済流通総額の一定割合を子ども支援事業を中心に寄付しています。

┌─────────────────────────────────┐
│　　　　【本件に関するお問い合わせ】　　　　│
│　株式会社エンペイ 広報・PR担当：加藤　電話：03-68XX-XXXX　Mail：XX@XX.co.jp　│
└─────────────────────────────────┘

2

メディアにより、プレスリリースの内容を変えよう

　作成したプレスリリースは、多くのメディアに向けて配信するのですが、「この人に！」と決め打ちすることで伝えたいことや、こちらが狙っていることが明確になります。例えば、あるテレビ番組のプロデューサーに向けた内容でプレスリリースを出すと、不思議なことに想定していた番組はもちろんのこと、別の番組関係者からも問い合わせが来て、取り上げてもらえることもあるのです。

　当然ながら、メディアの種類により、プレスリリースの内容は変えなければなりません。例えば、テレビ番組を想定したプレスリリースなら、テレビ局が欲しがるのは「撮影可能な映像」のため、どのような映像が撮れるのかをイメージできるプレスリリースにします。そうすることで、届けたいメディアの人以外の、他の番組の関係者もイメージしやすいものとなるのです。

　自社の配信コンテンツや公式YouTubeチャンネルがあれば、プレスリリースの文章の冒頭にリンクを張っておくと効果的です。

　新聞向けにするなら、データや根拠をきっちり示すこと。女性誌向けなら、やわらかい表現やおしゃれな言い回し、映える画像を多用すると良いでしょう。

　このように**プレスリリースを受け取る側が好むイメージを念頭に置いて、書き方や表現、構成を工夫していくことが大切**です。

　なお、メディアの種類を「これ」と決めて、そのメディア向けのプレスリリースになっていても、他のメディアの人にまったく刺さらないということはありませんので、安心してください。

重要度によりプレスリリースを
分類する

　企業が発信する情報はいろいろあります。広く全国へ届けたいという希望もあれば、親和性のある消費者に向けて小さなメッセージを発信することを望むケースもあります。今まさに発信すべきタイムリーな情報もあれば、長期にわたって発信し続けたいサービスもあるでしょう。**情報を発信するといっても、その性質はケースバイケースで、その方法も千差万別です。**

まずは自分が重要度を理解する

　プレスリリースで発信すべき情報として最重要なものは、企業によって異なりますが、例えば**新会社設立、新サービス開始、資本・業務提携**などでしょう。その次に優先度が高いものとしては、**キャンペーン開始やYouTubeチャンネル開設**など。また、**オフィス移転や役員就任、「累計5,000万個販売達成」**といった情報もネタになります。

　そういった、**重さ（重要度）の異なる発信を同じテンションの文章で書いたり、あるいは同じ配信先へと頻繁に発信したりしないことが大切です。**

　私の場合はプレスリリースを作成する際に、発信内容の重要度に合わせて優先順位をつけています。このプレスリリースはA（重要度が高い）、これはC（重要度が比較的低い）などと段階を決めてお

くと、読み手側もニュースの重要度を理解するでしょう。そもそも同じ相手に自社のプレスリリースを何度もお送りしていると、相手はすべてのものを一律にとらえがちで、新鮮味を感じてもらえず読まれずにスルーされる可能性が高くなるのです。プレスリリースの中の文章の文字の色を変えることや文面を工夫するより先に、まず**はこのプレスリリースの重要度は企業としてどのレベルなのか**を、書いているこちら側がきちんと意識することです。

重要度によって配信先を決める

次に、プレスリリース配信先と配信方法を決めます。こちらも企業によって異なりますが、具体的には広いものから順に以下のようになります。

①PR TIMESなどの大手プレスリリース配信サービスを利用する
②自社のコーポレートサイトに掲載する
③SNSで発信する
④メディアの人に直接送付する
⑤社内のみの発信（イントラネットで配信するなど）

例えば、このプレスリリースであれば①〜⑤のすべてを行う、このプレスリリースならば②の自社コーポレートサイトと③のSNSだけでOK、これは⑤の社内だけで良いのでは、などと重要度に応じて、配信先を設定するのです。

こうすることで、きちんと届けたい情報をメディアの人に届けることができます。例えば「今回のプレスリリースの重要度はBだか

ら①だけにしておいて、次回のこのニュースのプレスリリースは重要度Aだから、①だけでなく④メディアの人に個別に直接送付もしよう」という感じです。**メディアの人になんでもかんでも送らないことが重要**なのです。

03
プレスリリースは
ゼロから作成しない

(他社のプレスリリースは絶好の参考アイテム)

　プレスリリースには良い書き方と悪い書き方があります。特に見出しは重要です。プレスリリース配信サービスのPR TIMESでは、ランキングが掲載されています。「旬速」では2時間以内に配信されたプレスリリースのアクセス数ランキングや、「今日」「SNSで話題」「今」などの期間別のランキングを見ることができます。この**ランキング上位のプレスリリースはどのようなタイトルになっているかをチェック**するのも勉強になります。また、自分が発信しようとしているプレスリリースと同じジャンルや切り口のキーワードを検索窓に入れて検索すると、同じジャンルのプレスリリースが見られますので、そちらを参考にするのもおすすめです。

　例えば、業務提携のプレスリリースを配信したいとしたら、「業務提携」と検索をして、他社のプレスリリースをチェックします。**5〜6個**もチェックすれば、どのように書かれているか参考になるかと思います。「新商品発売」「役員就任」「キャンペーン告知」など、関連するキーワードで検索して、他社のプレスリリースをどんどん見てみましょう。

　他社のプレスリリースを複数参考にすることで、**外さない内容を**記載することができます。「この要素が入っていなかったから追加しよう」といったチェックもできますし、「この部分は当社には必要な

いな」と思えば外すなどの調整もできます。このように実際のプレスリリースを参考にすることは、広報・PRパーソンにとって大いにプラスになるのです。

　そもそも、**プレスリリースをゼロから作成するという意識は持たない**ほうがうまく書けます。入れるべき内容、読みやすい構成など、ある程度の流れが確立されていますので、前任の広報・PR担当者や過去に自分が作成したプレスリリース、他社のプレスリリースを参考にし、それらの形を踏襲して作成すれば良いのです。

プレスリリースのランキングを鵜呑みにしない

　他社のプレスリリースは、中身、構成、タイトルのつけ方、画像や図版の配置など、参考になることがたくさんあります。また、プレスリリースをチェックすることで、最新の流行やトレンド、ニュースを追うことにもつながります。私は随時メール配信されてくるプレスリリースで、関心があるものは開いて見ていますし、それ以外でも、他社のプレスリリースをチェックする時間を取るようにしています。

　また、ランキング上位のプレスリリースもチェックします。とはいえ、ランキングはあくまでも参考程度と考えます。なぜなら、「よく読まれているプレスリリース＝書かれている商品やサービスがヒットするプレスリリース」ではないからです。プレスリリースの作成は、あくまでも広報・PRパーソンの仕事の1つに過ぎません。**プレスリリースにすべてを費やし、それで終了するのではなく、プレスリリースの配信から広報・PRがスタートするくらいの気持ちが必要**です。

04
良いプレスリリース、
ダメなプレスリリース

プレスリリースは企業の公正文書

　弊社でも入社間もないスタッフにプレスリリースを作成させると、あれやこれやと情報を入れたがり、何の情報を発信しているかわからない内容になることがあります。また、最初のうちは、自分の思いや特異なフレーズ、比喩表現を多用しがちです。しかし、それは自己満足や自己顕示欲でしかありません。プレスリリースは小説やエッセイ、作品ではありませんから、「自分が作ったもの」などという自負は必要ありません。**プレスリリースは、メディアの人などの受け取る側に正確に情報が伝わるよう、端的に響くことが重要**です。

　プレスリリースなのに、コラムやポエムみたいな文言やフレーズを見かけることがあります。

　「この化粧水を作ったのは3年前のこと。丹精を込めて開発した成分がふんだんに入っています。この素晴らしさは言葉で説明することはむずかしいのですが、使っていただけたら、きっとあなたの肌に響くでしょう。とにかく使ってみてください」といった感じの**独りよがりの文章では誰にも刺さるものになりません。**また、「輝く未来、あなたは何をしているでしょうか？　未来はきっと明るい」というような曖昧模糊としたフレーズも、プレスリリースとしては感心しません。**プレスリリースは表現や文章を味わう文芸作品ではなく、受け取る側は情報を求めているのです。**現在は情報過多の時代

で、かつそのスピードも驚くほど速いもの。**ゆったりと読むのではなく、流し読みをしながら、自分に必要な情報をキャッチしている**のです。

プレスリリースはワンテーマが基本

かつて、徒然なる文章を羅列したポエムやエッセイのようなプレスリリースが流行ったこともありました。しかし、おしゃれさや雰囲気だけが優先されて、肝心の商品・サービスの内容や特長は印象には残りませんでした。こうしたものは情報発信が主目的であるプレスリリースには向かないのですね。

また、会社を起ち上げたときの思いを延々と発信したり、誰もわからないような雑談を入れ込んだりと、個性あふれるプレスリリースもよく見かけます。しかし、それが必要になるのはもう少し先の、直接打ち合わせをしたり、プロジェクトが決まってからのこと。広報・PRの第1弾であるプレスリリースにそうした情報を盛り込んでも、大きくキャッチアップされることはありません。あくまでもビジネスですので、そこは留意してください。もしそうした内容を入れたければ、伝えるべきことをしっかり書いた上で、プレスリリースの最後のあたりに参考情報として入れると良いでしょう。

プレスリリースは会社から発信していることを忘れてはいけません。**プレスリリースで優先すべきは「会社が何を伝えたいか」ということ。**経営者や広報・PRの担当者の思いも大事ですが、まずは企業として何を伝えたいかを書き記しましょう。広報・PRの担当者が書くのであれば、**どの部分を一番伝えたいのかを経営者マインドで書くことです。**

また、中小企業の経営者は、主観的になりがちです。1つのプレスリリースで会社設立からのストーリーや経営者の考えなどを詰め込み過ぎてはいけません。**1つのプレスリリースにつきワンテーマで十分**なのです。

ストーリー的なプレスリリースは良い？

商品が売れる過程やサービスがヒットする流れには、波瀾万丈なストーリーがあります。開発に関してもストーリーがありますし、それが重なり合って、ヒットするという現象が生まれることも少なくないでしょう。**ヒットの裏を載せることは読み手にとっては興味深いもの**です。

しかし、どんなものにも十人十色のストーリーがあり、そうしたストーリーや経営者の思いをプレスリリースに安易に盛り込むのは考えものです。

なぜなら、プレスリリース自体が長くなるからです。必ずしも長いプレスリリースがNGというわけではなく、読みたい人が読めば良いという考えもありますが、文章量やプレスリリースの枚数だけで拒絶するメディアの人も少なくありません。**何枚にもわたる文章は、ラブレターにしては重たくないですか？**

プレスリリースはメディアの人へ送るラブレターと比喩している私としては、ストーリーを載せるのは第2弾目のプレスリリースでも良いと考えています。最初に出すプレスリリースは、とにかく簡潔に思いが届くものになるよう、心がけています。

05

配信前に必ずプレスリリースを
チェックする

プレスリリースは作成者以外の人のチェックが不可欠

　プレスリリースは客観的な視点で書くのが基本です。書いたもの
をひと晩おいてから読み返すと、情報が不足する部分や、おかしな
言い回しに気づきやすくなります。また、**プレスリリースは、書い
た人以外が必ずチェックしましょう。**なぜなら、広報・PR担当者で
も客観的な視点を失うことがあるからです。

　また、プレスリリースの最後のほうに常に載せておく「会社の基
本情報」はむやみに変更しないことも重要です。「あれやこれやと情
報を詰め込み過ぎないように」と書きましたが、このプレスリリー
スには会社概要や経営者のプロフィールが記載されていたのに、次
のプレスリリースではその情報が抜けていたら、おかしくありませ
んか。何かの意図があって変更しているなら構わないのですが、変
えた理由は「なんとなく」ということが多いものです。そうした情
報を入れたり、入れなかったりすると**印象がブレてしまいます。**定
形で入れる内容は統一しておくと、会社のイメージがきちんと伝わ
りますし、プレスリリースの作成者の独りよがりを防ぐことにもつ
ながります。

　定形で入れる情報に、関係者のコメントやキャッチフレーズなど
を加えることで、プレスリリースはいきいきしたものになります。
この商品の誕生秘話、開発者のこだわり、キャンペーンにかける思

いなどを込めることで、他のプレスリリースと差別化を図ることができます。そういった部分に力を入れて書くと、相手に伝わりやすいプレスリリースになります。きれいに清書された模範生が書いたようなラブレターより、熱い思いをぶつけたほうが、気持ちが伝わってくるのは、やはりラブレターと同じなのです。

すぐに連絡がつく問い合わせ先を明記しよう

　プレスリリースには広報担当とすぐに連絡がつく電話番号やメールアドレスなどの連絡先を必ず明記しましょう。

　社内に広報担当がいなかったら、まずは総務や営業担当と兼務でもかまいませんが、すぐに反応できる担当を置きましょう。また、経営者がすぐに対応可能なら、経営者がチェックできる電話番号やメールアドレスを明記しておきましょう。

　とにかくメディアの人は、今すぐ取材可能かどうか知りたいと考えるものです。**問い合わせしたのにすぐに反応がなかったら、チャンスを逃してしまうかもしれません。**

　メディア側は取材タイミングを逃したら次に意識がいってしまうもの。プレスリリースには即時に対応できる問い合わせ先を必ず入れておきましょう。

第 **7** 章

広報・PRパーソンとして
うまく仕事を進める
ためのQ&A

本章では、経営者の方、広報・PR担当の方からよく受ける
質問をQ&A形式でまとめました。広報・PRの仕事には近
道はありません。地道な活動を継続することが大事なので
すが、逆に言うと、派手な企画力や飛び抜けたコミュニケ
ーション力を持っていなくても、当たり前のこと、地味なこ
とを粘り強く続けることで成果が出てくる仕事です。

01
広報・PRパーソンとして
やっていくには

> **Q1** 広報・PRに向いているのはどんな人ですか？
> また、向いていない人はどんな人でしょうか？

Answer

　すべての仕事や業務に向き不向きがあるように、広報・PR活動にもそれはあります。私が考える向いている方は、自分が黒子となって、**企業の良いところを伝達していこうという意欲がある人。**私はこの意欲を「**伝達欲**」と呼んでいます。伝達欲とはいろいろな情報を世の中に広げていくことに使命感を持つこと。そういう人は、自分がこれを広めたい、このような良いものを多くの人に知ってもらいたいといつも感じています。

　広報・PRというと、コミュニケーション能力や人当たりが良いということに目が行きがちですが、それよりも伝達欲を持っている人のほうが成功しているように感じます。

　その一方で、向いていない人は、PRするものやサービスに思い入れができない人です。ひと言で言うと「共感力」のない人でしょうか。一概には言えませんが、思考回路や意識が常に内向きだと、世の中へと発信することには意識が向かないという傾向があります。

Q2 私は口下手なのですが、広報・PRの仕事ができるでしょうか。

Answer

　できます。前ページでもお話ししましたが、**広報・PRはコミュニケーション能力よりも伝達欲や使命感が大切**です。

　口下手の人は考えていることを言葉として変換しにくいだけかもしれません。話すのは苦手でも、メールの文章は得意という方もいます。

　広報・PR活動は会話だけではありません。段取りやプラン、それを実行する能力が大切です。直接会って打ち合わせをするケースもあれば、メールでやりとりしたり、プレスリリースを作成したりもします。

　あなたがもし距離を置いたコミュニケーションが得意ならば、それを活かして、メールやSNSのDM、チャットなどのツールを駆使してコミュニケーションを図れば良いと思います。

Q3

メディアの人に連絡をするとき、迷惑をかけているのではないかと考えてしまいます。どうしたら良いでしょうか？

Answer

　前章までにもこういった消極的になってしまう思考をどうしたら良いのか度々お伝えしてきましたが、コミュニケーションに積極的になるのが難しい、もしくは恥ずかしいというタイプの方は、一見、優しい性格の持ち主と言えます。

　相手を慮る姿勢はたしかに大切ですが、「相手に連絡をすると迷惑にならないだろうか」「これを伝えると嫌な気持ちにならないだろうか」などと考える人は、単刀直入に言うと、**「相手に、どう思われるかを気にし過ぎる」**傾向が強いのかもしれません。

　「相手に、自分がどう思われているか」「相手が自分をどう思っているのか」を気にし過ぎるのは、つまり自分に矢印が向いているということ。自分主体のコミュニケーションになっているとも言えますね。一見、相手への優しさに見えて、実は自分への優しさなのです。こういった方は、自分のマインドを変えるようなマインドセットを行うと良いでしょう。

　まず、矢印を、自分ではなく相手（メディアの人）に向けてみましょう。そうすると、「自分がどう思われるだろうか」ではなく、自分はさておき「相手にとって何が本当に良いことなのか。何をどう

伝えるべきなのか」と視点を切り替えることができ、相手に重きを置いたコミュニケーションが取れるようになります。これが一番大事で、最初に行うべきマインドセットとなります。

　次に、「使命感」を意識的に持つこと。**あなたや、あなたの会社のサービスを知ると、今よりもっと便利になったり楽になったり、幸せになったりする人が増えます。**そして、その「知らせる」ということは、広報・PRのマインドを持つ人、つまり広報・PRパーソンしかできません。そうした使命感を持つと、いろいろな場面で積極的になることができます。

　ここまでで、自分への矢印ではなく相手への矢印に切り替え、使命感を意識的にセットしました。最後に行うのは、**「まずはやってみよう」という軽やかさを持つこと**です。広報・PRパーソンからすれば、いつも見ているメディアの人にご連絡をするのは、大ごとで、大変緊張することかもしれません。しかしながら、メディアの人は日々いろいろな広報・PRパーソンからアプローチを受けています。あえて言えば、あなたのアプローチもそんな大多数の中の1つに過ぎません。この事実を知れば、少し気が楽になりませんか？　**自分が思うほど、相手はこちらのことを気にしていません。**アプローチ前の最後のマインドセットとして、この「軽やかさ」もセットして、肩の力を少し抜いてみてください。

> **Q4** SNSでメディアの人と上手に関係を作っていくにはどうしたら良いでしょうか？

Answer

　相手の仕事に対して感想を素直に伝えることです。 メディアの人に送った私の過去のメールを見ても、「読みました！」「見ました！」という記述が多くあり、とても有効なのだと改めて感じています。率直に、かつ具体的に感想を伝えるようにしましょう。

　広報・PR活動は、返事がないのが当たり前、スルーされて当然です。SNSで「いいね！」を押してもらえたら、「やった！」と思うぐらいが正解で、返信が来たら奇跡なのです。相手との関係でも**多くを望まないようにしましょう。** また、**関係性を築けたとしても、広報・PR担当という立場を忘れてはいけません。** この立場を忘れてしまうと単なるファンと変わりないと勘違いされてしまい、対等な立場で仕事ができません。その人の記事や投稿に何でもコメントするのではなく、自社に関連するもの、自分が広報・PRを手がけている対象に影響を及ぼすものにのみコメントするなど、あくまでも広報・PRパーソンとしての立場を明確にするのが良いでしょう。

Q5

メディアの人々に対して、どうしてもセールストークになってしまいがちで、相手から煙たがられているような気がします。どうしたら良いでしょうか。

Answer

　メディアの人はとにかく忙しいのですが、それをあからさまに出す人もいれば、そうでない人もいます。ただ、こちらがそれに対して恐縮する必要はありません。なぜなら、そもそも興味がなければアポイントを取る時点で断られているからです。

　自身のトークが気になるようでしたら、そのサービスや商品のことだけでなく、**関連する全体の市場の動向から話すと良いでしょう。**新商品が出る市場背景、市場の現状など、サービスのことだけでなく、視点を1段階上げた知識と絡めて紹介したいものを説明します。

　先方はためになる話を求めているのであって、売り込みであっても、メリットがある情報なら喜んで聞いてくれます。友だちとの雑談などと違い、あなたはそれに関する専門知識を持っている人で、その分野について精通しており、あくまでも先方にとても良い情報だということを伝えることです。つまり、一緒に過ごしている時間を貴重なものに演出することです。この人と話したら勉強になった、仕事にもつながりそうだと思わせたら勝ちです。

　とはいえ、他愛のない雑談も大事です。**雑談でもう1度会いたいと思ってもらえるのであれば、とてもありがたいのですが、市場の動向をきちんとまとめて話すほうが成果につながるはずです。**

Q6 メディアに露出する機会がなかなか得られないのですが、どうしたら良いでしょうか？

Answer

　焦りますよね。まず、メディア露出本数の目標数が決まっているとしたら、目的を確認しつつ、全体的な戦略を立てます。ただ、それも机上の空論ですので、実際は思うように進まないことが多々あります。また、広報・PRを開始して3～4か月はメディア露出が取れなくて当たり前です。

　私はそのような場合には、自社の情報やニュースを洗い出すことから始めます。過去のプレスリリースを見直して、まだ発表できていないものや発表すべきものなどを照会します。

　メディアに興味を持ってもらうには、まずはプレスリリースの数などの**「発信の数」を増やすことが大事**だからです。**新商品や新サービスの情報、またはキャンペーンや説明会、スケジュールなどの情報を確認してみましょう。**そして、今まで月1回出していたプレスリリースを月3回にしてみるなど、発信の数自体を増やします。そうすることで、メディアの人の目に留まる機会が増えるのです。

　同時に、プレスリリースの質も上げることも大事です。他社のプレスリリースを研究し、より取り上げられやすいプレスリリースを作成します。ちなみに、**質を上げるために一番効果的なのは、第三者からの意見をもらうことです。**プレスリリースを作成していると、知らないうちに主観的な視点に偏りがちです。ですから、リサーチ

をする、誰かにプレスリリースを見てもらうことがとても有効なのです。経営者、同じ広報・PR部門の先輩や同僚、開発担当者など、社内からアドバイスをもらい、独りよがりにならないようにしましょう。

　少しハードルが高い方法ですが、さらに効果的な方法は、プレスリリースを受け取る側であるメディアの人に訊くことです。プレスリリースを書く前に、「どんな情報が入っていたら面白いか」というポイントをメディアの人にヒアリングすることです。私自身も、メディアの人に教えてもらった項目をプレスリリースに入れたら、配信後、テレビを始めいろいろなメディアでの露出につながったという経験が何度もあります。メディアの人の意見はやはり貴重です。

　メディア露出の本数を上げるにはプレスリリースの数を増やすこと以外でも、当たり前ですが、メディアへのアプローチ数も同時に増やすことです。

　とはいえ、これらすべてを行ったからと言って、必ずしもメディア露出の機会につながるとは限りません。**粘り強く、諦めずに、丁寧に行うこと。**広報・PR活動に近道はありません。

メディアの人とロングターム・リレーションシップを
構築するために、やっていることを教えてください。

Answer

　一番大事なのは、**メディアの人が情報を必要としているときに、良いタイミングで最適な情報を提供できる「頼りになる存在」であり続ける**ということです。メディアの人はいつも記事や番組のテーマを構想しています。だからこそ、「最近、弊社でこんな新しいことを始めました。例えば、年度初めや入学を切り口にした特集に入れていただく可能性はありますでしょうか？」といった形で、**日常的に情報を提供する**ことが大事です。そうした積み重ねにより「この人は頼りになる」と思ってもらえるようになるのです。そして、記事や番組を作る際に「こんな情報はありますか？」「御社でこうした取り組みをやっていたら取材したいのですが」とメディアの人から声がかかるようになっていきます。

　あるメディアの編集長に、「良い広報・PRパーソンとはどういう人か」と尋ねたことがあります。その回答は**「絶妙なタイミングで情報を送ってくれる人」**でした。確かにそんな存在こそが理想だなと感じ、とても印象に残っています。

　また、打ち合わせと称した会食などの会合は関係性を築く上で必要かもしれませんが、ロングターム・リレーションシップには関係ないと断言できます。プライベートのお付き合いより、頼りになる存在であり続けること。これに尽きます。

03

チャンスを最大限に活かすには

> **Q8** 自社の商品がテレビで紹介されました。それを最大限に活かすための具体的な方法を教えてください。

Answer

　テレビの放送日時が決まったら、その時点で、その番組のWebサイトのURLとともに、取引先の方など社外にお知らせしましょう。放送日の前日や当日にメルマガで「ぜひ、観てください」とお伝えしたり、SNSを通じて発信したりするのも良いでしょう。もちろん、**取材対応や取り上げてくださったディレクターさんに、情報の告知をする旨をお伝えし、また解禁日を伺うことも忘れないようにしてください。**

　また、事前の取材や通達もなく、いつの間にかテレビに取り上げられていたというケースもあります。その場合は事後報告として、「この番組で放送されました」と自社のプレスリリースやSNSに投稿するのが良いでしょう。番組に取り上げられたのが事実なら、メディア側にとっても問題はないはずです。他のメディアへのアプローチにも効果的です。

ただし、テレビの露出の画面を慌ててスマホで撮影しても、それを広報・PRの資料として使用することはできません。

　また、テレビ画面をSNSや動画サイトに勝手に投稿するのは著作権法上NGです。取り上げられた嬉しさから投稿したい気持ちはわからなくもないのですが、かえって企業や商品の価値を下げる結果となってしまうので、注意してください。

第 8 章

メディアの人が
広報・PRに
期待すること

メディアの人と広報・PRパーソンの関係性は、ビジネス上の相手であり、誤解を恐れずに言えば「記事や番組という作品を、一緒に創り上げる同士」です。だからこそ、メディアの人が広報・PRパーソンに思うことや期待することを、綺麗事ではなく率直に伺うのは、より良い作品創りに必須なこととなります。私が信頼するメディアの方のお声を、コメントと対談で伺ったので、本章でご紹介します。

メディアの人の
本音を知っておこう

　ここまで、広報・PRとしてメディアの人にどのようにアプローチするか、効果的なプレスリリースの作り方などを説明してきました。では、実際にプレスリリースを受け取るメディアの人たちは、広報・PR担当者からのアプローチをどのように受けとめているのでしょうか。本書最後の章では、メディアの方からそうしたコメントを頂戴したり、伺ったりしたお話をまとめました。

　今回コメントをいただいた方々は、女性向け雑誌に長く携わってきた方、スタートアップ向けのメディアを開拓された方、お昼のテレビ情報番組を長く取り仕切っている方、歯にもの着せぬビジネス雑誌の方といった、メディアのタイプもご本人のタイプも多種多様な方々です。多くの広報・PR担当とかかわっているからこその、なかなか聞けない本音やお考えをストレートにお伝えくださいました。

自分の言葉で伝えてほしい

株式会社光文社　文庫編集部　副編集長　原 里奈さん

　1994年に入社以来、約四半世紀にわたり、女性月刊誌『VERY』『STORY』を手がけ、2020年から書籍を担当。ノンフィクション編集部を経て、現在は文庫編集部に在籍しています。

　広報・PRパーソンに求めることは、的を射た簡潔な言葉で伝えて

いただくことです。

「時は金なり」、つまり「時間の質を上げたい」とは、情報の受け手が切実に望むことの1つだからです。

広報・PRパーソンからもたらされる情報で「響く」ものには、「広報・PRパーソンがその製品・サービスに心底惚れ込んでいる」という共通点があるように思います。

その想いをプレゼン能力が補完するわけですが、その最たるものが「自分の言葉で伝える」ことだと思います。

用意した文章を読み上げれば間違いはないかもしれませんが、正直なところ、あまり頭に入ってきません。逆に、その瞬間にほとばしり出た「生きた言葉」は伝わってきます。

自らの言葉で簡潔に語れる広報・PRパーソンには、当該製品・サービスだけでなく、その人自身にも「デキる」「信頼できる」「頭が切れる」「空気を読める」といった魅力を感じます。

スタートアップ期には広報・PRの役割は大きい

株式会社 THE BRIDGE　代表取締役　平野 武士さん

BRIDGEは2010年代に開始した、スタートアップに関係のある起業家、投資家を取材するテックメディアです。

スタートアップにおけるPRや広報の役割は大きく、誰も知らない・理解もしてもらえない段階から広報・PR力を高め、ステークホ

ルダーたちとの関係性を構築することができれば、何よりも高額な「説明コスト」を激減させることができます。

　千田さんはこのスタートアップ黎明期を駆け抜けたPRパーソンのおひとりで、適切なタイミングにまだ名もない本誌に情報を提供していただき、また関係を作っていただきました。

　PR・広報の本は多数ありますが、本書はスタートアップという領域でその経験をエッセンスとして知る、適切な1冊になるのではないでしょうか。

「今、これが熱い!」とはっきりわかるPRを

民放情報番組　フリープロデューサー　荒木 千尋さん

　私の担当する番組は朝の情報番組で、主な視聴者は20代から50代の女性です。視聴者層がこの10年で大きく変動していて、またネットメディアや配信が増えている中で、生放送として何ができるか、何を放送すると視聴者に観てもらえるのかなど、試行錯誤を繰り返しています。

　番組がPRパーソンに求めることとしては、やはり今テレビはF2層（30〜40代女性）の視聴率を取らないといけないのもあり、その年代の消費行動や現象、流行っていることなどを多く求めています。

私たちは常に「なぜ、今、この話題を放送するのか」という部分を入口に企画を考えていて、その中でさまざまな話題を探しています。そのような観点から「今これが熱い！」などとはっきりわかるデータなどを提供してもらえると、スムーズに放送に結びつくことが多いです。特に数字で表してもらえると具体的でわかりやすいです。

　忙しい中で、なかなかテレビ制作者とアポイントを取ることが難しい場合もあると思いますが、ぜひ番組の特性や印象に残ったテーマやシーンなどを伝えて、話を持っていってほしいですし、私たちもそんな情報を探しているので、ぜひお互いにwin-winになるように情報共有できると嬉しいです。

「マーケットイン」の視点を持ってメディアと向き合ってほしい

株式会社ダイヤモンド社　ビジネスメディア局長
／CCO（チーフコンテンツオフィサー）　山口 圭介さん

　週刊ダイヤモンドとダイヤモンド・オンラインは、いずれもビジネスパーソン、特に意思決定層や次世代リーダー層に広く支持されている経済メディアです。

　両媒体を運営するダイヤモンド編集部では原則、プレスリリースをそのまま記事にすることを禁じています。リリースに基づいた記事では他社と横並びになってしまい独自性がないからです。

私たちは常に「ここでしか読めない記事」にこだわって取材、編集にあたっており、まだ世に出ていない情報、テーマ、視点があれば積極的に取り上げるので、情報提供していただけると幸いです。

　広報の方の中には自社PRばかりをする方が稀にいますが、どんなにプレゼンが上手くても記事化はされにくいかもしれません。向き合っている記者がどんな情報を求めているのか、そして記者が属しているメディアはどんな読者層なのか。記者の後ろにいる読者の目線まで考えて記者と向き合えると、記者の反応も違ってくるはずです。

　企業側、広報側の発想、つまり「プロダクトアウト」の視点だけではなく、記者側、読者側の発想、つまり「マーケットイン」の視点を持って、メディアと向き合ってもらえると嬉しいです。

02

【対　談】
女性が活躍できる世界を求めて

リンクタイズ株式会社　執行役員
Forbes JAPAN　Web編集長　谷本 有香さん

株式会社フロントステージ
代表取締役　千田 絵美（本書著者）

千田「今回は貴重な機会をありがとうございます。まずは、谷本有
　香さんのご紹介をさせてください。谷本さんは現在、経済誌
　『Forbes JAPAN（フォーブス ジャパン）』のWeb編集長を務め
　るほか、経済ジャーナリストとしても多方面でご活躍されていま
　す。以前は、日経CNBCなどで経済キャスターとしてもご活躍さ
　れ、これまでに3,000人を超える国内外のトップリーダーにイン
　タビューをされてきました。執筆活動だけでなく、多岐にわたる
　ご活躍をされていますが、まずはご自身から改めてご経歴を教え
　ていただけますか？」

谷本「私は第二次ベビーブーマーなのですが、その中でも特に子ど
　もが多い学年でした。受験はもちろん、それ以上に就職ではバブ
　ル経済崩壊後で『超』がつくほどの買い手市場でした。いわゆる
　就職氷河期の第一世代で、特に4年制大学の女性は1人しか採用
　しないという企業も多かった不遇の時代の中、幸運にも私は証券
　会社へ就職できました。それまでも経済を動かすことに興味があ

Forbes JAPAN　Web編集長
谷本 有香さん

ったため、希望の会社への就職でした。しかし、入社して2年で倒産してしまったのです」

千田「それは予期せぬことでしたね。たった2年では経験も知識もまだ自信を持って身についていないですものね」

谷本「そうなんです。それで私自身のルサンチマンがたまってしまったこと、また、世代的にバブル経済を横目にして育ってきているということもあり、どうしても金融経済の世界に身を置きたいと考えました。それが外資系の『Bloomberg TV』に就職した理由です。証券会社時代に朝放送する経済ニュースでキャスターをしていた経験もあり、日本で初めての経済キャスターになろうと決めて、いろいろ勉強したことが採用につながったのだと思います。『Bloomberg TV』を受けた人の中で、私しかキャスター経験と経済知識の両方を持っていた人がいなかったのも大きかったですね」

千田「では、それが本格的な金融経済専門キャスターとしてのデビューであり、それ以降もご活躍されたのですね」

谷本「はい。ただ、金融経済専門キャスターをやりつつ、もっと体系的に経済のことを学ぶためにアメリカのビジネススクールへ行ったり、起業を考えたりしました。経済キャスターを続けながら、2016年に『Forbes JAPAN』へジョインしたのです」

株式会社フロントステージ
代表取締役　千田 絵美(本書著者)

千田「素晴らしい経歴をお持ちですよ
　　ね。谷本さんは唯一無二の存在です」

谷本「当時は女性の経済キャスターは少
　　なかったのですが、今は結構いらっし
　　ゃるのではないでしょうか」

千田「それを切り開いたのが谷本さんなのですね。これは誰にも真
　　似できることではありません。私が谷本さんに最初にお会いした
　　のは、2019年のお食事会でしたが、今でもとても印象に残ってい
　　ます」

谷本「私にとっても千田さんは印象的でしたよ。とてもざっくばら
　　んにお話しできる方で、最初はビジネスというよりもプライベー
　　トでしたね」

千田「そうでしたね。そのため、意外に私の経歴をご紹介させてい
　　ただく機会がなかったので、今回、少しお話しさせていただきま
　　すね。私はもともと広島県の上場企業の営業を2年間していまし
　　た。実はその前は小学校の教師でしたが、私には教師は向いてい
　　なかったのです（苦笑）。そのため、教師をやめてすぐに企業に就
　　職しました。教師という独特な世界から、一般社会へ飛び出した
　　わけですが、とりあえずそのときは『すべての仕事の基礎は営業
　　だ』と考えて、2年間は営業職を必死に頑張りました。そして、
　　ある程度営業の仕事を覚えた頃、今後ずっと続けたい仕事は広報

だと考えるようになりました。そして広報の仕事をやるからには、メディアのほとんどが集中している東京で勝負したいと思ったのです」

谷本「千田さんの経歴も素晴らしいですよね」

千田「上京して最初に就職したのは、出前館でした。そこで広報に携わり、その後にドクターシーラボに転職し、テレビ、ビジネス、その他のメディア担当の広報として5年間勤めました。その後、STORES（ストアーズ）の立ち上げ期のPRに携わる機会をいただき、3年勤めました。自身の会社であるフロントステージを設立したのは2016年のこと。トータルすると17年間、広報・PRに携わっていることになります。広報・PRでも、スタートアップ企業やIT、美容など、ジャンルはさまざまですが、一番得意なのは、女性に向けたメッセージの発信ですね」

谷本「長いお付き合いですが、千田さんの詳しい経歴は初めて聞いたかも。今では私が一番といっても良いほど密なPR会社ですよ」

千田「それはとても光栄です。食事会のとき、同じ山口県出身でもある『獺祭』の旭酒造株式会社の桜井博志会長に『日本を代表する女性経営者になってください』と励まされ、私はまさかの号泣をしてしまいましたが、隣に座られていた谷本さんに、『大丈夫ですよ』と背中をさすっていただいて、安心したことは忘れられません（笑）」

谷本「とても涙もろいお方なんだなと感じて、親近感が湧きました から。でも、そこから仕事に発展するのはとても珍しいですよね」

千田「仕事から友人になることはありましたけど、確かに逆はなか なかないです」

谷本「私も日々多くの人にお会いするのですが、ひと目見てこの方 はどのような人なのかを想像します。信頼できるパートナーなの か、今キラキラしているけれど将来は厳しいかもしれない、とか。 千田さんは将来は素晴らしい経営者になるとわかりました」

千田「本当ですか！　嬉しいです」

PRに必要なのは、企業の窓口としての自覚

谷本「千田さんのPR活動を間近で見る機会も多いですが、まさに 感動のひと言です。カジュアルなやりとりをしつつ、真摯なご対 応と決して力を抜かない姿勢が素晴らしい。著名企業の名の下に あぐらをかいている方も少なくないですよね。そうした中でも、 千田さんは企業との信頼を常に得ているなと感じます」

千田「ありがとうございます。それでいうと、人からの信頼を得よ うと必死になっていたわけではなく、当たり前のことを手は抜か ずにやっていたことが良かったのかと思います」

谷本「いえ、それが当たり前ではないのです。さまざまな事情でお

時間のない方も多いと思いますが、たとえ多忙でも、仕事を請けている以上は、企業の顔であるという誠実さだけは持っていてほしいですよね」

千田「確かにPRをする人の中には、企業の窓口という自覚がない人もいるかもしれないですね」

谷本「PRこそパーソナルな部分が重要だと思うのです。どれだけメディアと親密な関係を築けるかも鍵ですよね。でも、そのパーソナル部分が行き過ぎると、友人感覚で事を進めてしまうことにも。それはとてももったいないなと感じます。反対に、企業側のPR担当者にも言いたいことがあります。それは、『プレスリリースを読めばわかるよ』という枠に留まってしまうという罠です。せっかく人を介して情報をメディア側に渡すならば、プレスリリースに書かれていないことが実は重要なエッセンスになったりします。そこに現れた新星が千田さんと期待しているのです」

千田「本当ですか!?　ありとうございます。PRは女性活躍につながると感じながらも、どこかで甘えが出てしまうというのはわかります。でも、その甘えが出るとなめられますよね。そして、広報には不思議と女性が多いのです」

谷本「女性代表という雰囲気でいくとなめられると思いますよ。PRは企業の時価総額を上げる作業ですから、日本の救世主としてPRの人たちは自覚をもっと持ってほしいですね」

これから求められるのは、言語化する能力

谷本「『Forbes JAPAN』は日の当たらなかった企業にスポットライトを当てて輝かせることがテーマでもあります。そのため、直接担当者がいないにしても、企業の『PR』にとても近いところにいます。日本が相対的に落ちぶれてしまった今、企業はこれまでどおりのPRだと埋もれてしまう可能性があります。取材時、経営者の方がもっと言葉に情熱を乗せたり、新しい価値を感じさせられるような言葉を選ばれたりしたらこの企業の株が買われるのではと思うことは少なくありません。企業自身が発信できないのであれば、外部の広報・PRを活用してほしい、と私は常に口にしているんです」

千田「確かにほとんどの日本の企業は広報・PRをやっていないのです。日本は、阿吽の呼吸の文化が根づいているため、言わなくても察してね、というところがありますよね。だから、言葉で発信してメディアとつながろうと考えていない気がします」

谷本「日本のみならず、これまでは、生産性や機能性重視で企業活動が維持できていました。そこに日本の強みがあったために、世界経済でも勝てていたのです。でも、これからは心の時代、つまりサービスの時代です。機能や技術ではないところの説明が必要不可欠なのに、その言葉を持っていないのです。これからは時代をとらえて言葉を用いていかないと、時代に乗り遅れてしまいますよね」

千田「言語化が重要ということですよね」

谷本「例えば、『この技術はイノベーションなんです！』という言葉を聞いて、どう思いますか？　何か新しいことを打ち出されたのだとは思うものの、この言葉を使ったがゆえの目新しさがないようにも感じませんか？　「イノベーション」という言葉自体は、新しいようで実は古いのです。せっかく新しいものを打ち出そうとしているのに、イノベーションという単語を用いることで一瞬で少し時代遅れ感をまとってしまうように思います。これは革新的なんです、イノベーションなんです、という言葉を使わずに、いかに新しいかを説明しなくてはいけない時代がやってきたのではないでしょうか。これはうちの編集部員にも話していることですが、PRにも共通することだと思うのですが……」

千田「それはプレスリリースなどのテキストにおいても、話し言葉においてもそうですよね」

谷本「昨今の海外の企業は経営会議に言語学者を採用したりしているそうです。情報化社会だからこそ、きっちりそこに文化や思いを「言葉」として、追加していかないといけません。それを私たちメディアは引き出して紡いでいますが、編集者もPRの方も、新しい価値を見出して、価値を最大化していかないといけませんよね」

千田「私は常日頃スタッフに、『自信を持たなくて良い、正しく伝えることが大事だ』と話しています。この商品、このサービスは使

ったらわかりますという自信ではなく、正確な情報が重要なのです」

谷本「そう。自信は独りよがりかもしれないという客観的な視点が必要ですよね。その自信はアートと一緒だと思います。アーティストが作った作品はその人のメッセージが詰まっています。それを世間が評価して、初めて完成すると思いますが、企業も同じですよね。あなたの自信だけでなく、世間の評価もありますから。インタラクティブに物をとらえて発信することを身につけていかないと、今の時代は乗り越えていけません。それはPRも同じですよね」

千田「まさにそのとおりです」

その時期に、その内容で、世の中に出す意義がある情報が欲しい

千田「単刀直入にお訊きします。『Forbes JAPAN』に掲載していただくにはどういったアプローチが良いのでしょうか？」

谷本「一斉送信されるような情報をいただいても、その情報には価値が見出せないとメディアは思うかもしれませんね。『なぜ弊メディアなのか』のヒントがそこに欲しい。よほど面白いプレスリリースでしたら、そこから広げられるということもありますが、私たちのところには毎日数百以上の情報が届きます。そのため、その時期に、その内容で、世の中に出す意義があるものなのか。それをしっかりリレーションしていただくのが一番響きますよね」

千田「谷本さんのように広報・PRに対して熱い思いを持ってくださっている方は、なかなかいないです」

谷本「せっかくなので、自身の事業を通じて、日本の経済をよくしたいですよね。『Forbes JAPAN』というメディア自体も有機的に変わっていますから、私が言ったことが明日の正解ではないかもしれません。でも、弊メディアとして一番大事にしたいのはポジティブジャーナリズムです。ネガティブだったりセンセーショナルなサムネイルやタイトルをつけたら、メディアとしては注目されるかもしれません。でも、私たちはそれを一切やめようと考えていますし、メインターゲットである企業のリーダーに資する情報のみを取り上げ、経済に寄与するメディアを作っていきたいのです。あともう1つは、3年先に実装できる未来を見ること。近未来はどういったことが起こり得るのか、そのためにリーダーの人たちが今、何をしたら良いのか。そういったことを特徴として取り上げています」

千田「海外の情報も多いですよね」

谷本「今の『Forbes JAPAN』でも、やはり海外の情報が求められていると感じます。実は2023年9月からWebと雑誌が融合しました。1つの情報を横断的に出すようにして、さまざまな角度で表現したり分析したりしています。編集部も模索しながら雑誌とWebでタッグを組んでやっています」

千田「それはネットの力が強くなったからでしょうか？」

谷本「確かにネットは強いですよね。でも、Webファーストとはい
　　わず、Webはアイコンを支えるためのツールや入口であって出口
　　ではないのかもしれないと個人的には思っています。残念ながら
　　Webではまだ『Forbes JAPAN』という雑誌の世界観を完全に
　　具現化できません。『Forbes JAPAN』は百科事典の横に並べて
　　永久保存してほしいという思いもあり、装丁や紙質にもこだわっ
　　ています」

千田「わかります。『Forbes JAPAN』に掲載されたというのは、
　　クライアントにとても喜ばれます。今後、弊社は地方の企業も盛
　　り上げていきたいですし、海外へ向けた発信もしていきたいと考
　　えています。一緒に日本の経済を盛り上げていけたら良いですよ
　　ね！」

谷本「PRをやる方はやはり千田さんのような気概を持ってほしいで
　　すね。PRは、企業の夢運び人ですから」

千田「とても励まされます。今回はありがとうございました」

おわりに

　広報・PR職に就いて18年目になります。この複雑かつエキサイティングで温かみのある仕事の魅力にはまり、いつからか「広報・PRを活用できる人が増えると、必要なところに必要な情報が届くようになり、社会貢献につながる」という確信を持つようになりました。その想いを元に、2016年にPRエージェンシーであるフロントステージを設立し、企業の「外部の広報室」の役割を担いながら、広報・PRのプロフェッショナルを育成しています。

　私の広報・PRノウハウは、社内でメンバー全員が日々活用しているマニュアルにまとめてあるのですが、それをさらに多くの方に知ってもらえれば、助かる企業や人が増えると考え、この度、書籍を出させていただくことになりました。未熟な私がお伝えするのはおこがましいのですが、本を手に取った方に書いてあるノウハウを活用いただけたら、こんなに嬉しいことはありません。

　本書でご紹介した内容は、私一人で培ったものではありません。18年前に初めて広報職に就いた出前館では、当時の社長と副社長に、広報・PRの基礎を叩き込まれました。次のドクターシーラボでは、マーケティング視点からのPRを創業会長と社長に指導いただき、ベンチャー企業のSTORES（ストアーズ）では、当時10名もいないメンバーで雑居ビルのオフィスだったときから急成長する時期の広報・PRを経営陣と共に展開しました。

　また同時に、たくさんのメディアの方に学んできました。メディアという存在の意義、ジャーナリズム、企業や人の本質を瞬時に摑

み、わかりやすく視聴者や読者に届けるという一朝一夕にはできないスキル。ときには厳しいご意見もいただきながらもメディアの方に育ててもらいました。本書でも対談にご協力いただいたForbes JAPAN Web 編集長の谷本有香さんには、メディアとしてのプロフェッショナルさを、コメントをお寄せくださったTHE BRIDGEの平野武士さんには企業や経営者への深い愛情と第三者視点の絶妙なバランスを、光文社の原里奈さんには取材相手のポテンシャルの活かし方を、テレビプロデューサーの荒木千尋さんには「お茶の間視点」の重要さを学びました。

　クライアント企業のみなさまには、弊社にニーズをいただけることで日々新たな広報・PRが展開でき、知識とノウハウのアップデートができています。広報・PRは発信したい企業やサービスがあってこその活動です。いつも本当にありがとうございます。

　本書刊行にあたり、弊社メンバー含め、たくさんの方のお力をお借りいたしました。この場を借りてお礼申し上げます。ありがとうございました。

　最後に、どんな時も味方でいてくれる大好きな夫と娘、そして地元山口県の家族と、広島県の義実家の家族の皆に感謝を捧げます。山口県の端っこで生まれた私が、大都会・東京の中心でPRエージェンシーの代表として仕事をしていることは、時々とても不思議に感じます。

　出会ったすべての方に恩返しができるように、今後も精進してまいります。

2024年1月　千田絵美

著者　千田絵美（せんだ えみ）

株式会社フロントステージ代表取締役。
1980年生まれ。山口県岩国市出身。広島修道大学卒業後、小学校教師、広告営業を経て、2006年より広報・PR業務を担当（出前館、ドクターシーラボ）。2013年よりSTORESのPRマネージャーとして勤務し、STORESを月1回以上テレビに取り上げられ、売上・ユーザー数を毎年200%成長させることに貢献。この実績を布石とし2016年、株式会社フロントステージを設立。「広報・PRの力で、企業やサービスの情報を、それを必要としている人に届け、社会に貢献する」をパーパスに、PR戦略や企画立案を始め、プレスリリース作成から撮影立ち会いまで、「企業外の広報室」的な役割を請け負う。2021年10月には人材採用のサポート業務に特化したサービス「採P」をローンチ。
プライベートでは1児の母でもあり、働くママを応援する「パワーママプロジェクト」を主宰。東京都や広島県等で主催する女性応援イベント等に多数登壇している。

　　ブログ　　　　　https://ameblo.jp/emisenda/
　　（踊る社長☆PRエージェンシーえみ社長の広報・PR）
　　X　　　　　　　 twitter.com/emilabo
　　Instagram　　　 instagram.com/emisenda/

メディアの人（ひと）とスマートにつながる

広報・PRのアプローチ攻略術
こうほう　ピーアール　　　　　　　　　こうりゃくじゅつ

2024年1月29日　初版　第1刷発行

　　著　者　　千田絵美（せんだ えみ）
　　発行者　　石井　悟
　　印刷所　　横山印刷株式会社
　　製本所　　新風製本株式会社

　　発行所　株式会社自由国民社
　　　　　　〒171-0033　東京都豊島区高田3-10-11
　　　　　　電話　営業部 03-6233-0781　編集部 03-6233-0786
　　　　　　URL　https://www.jiyu.co.jp/